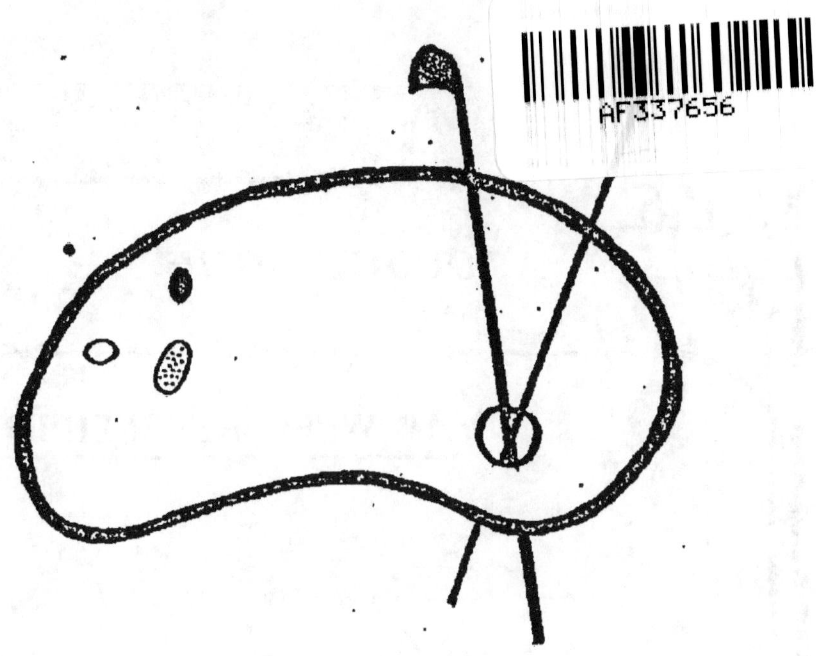

DEBUT D'UNE SERIE DE DOCUMENTS
EN COULEUR

Mgr Wilhlem SCHNEIDER

La Vie Future

et la Preuve du Consentement universel

Adapté de l'Allemand

PAR

M. Germain GAZAGNOL

du Clergé d'Albi.

BLOUD & GAY

S. et R. 684

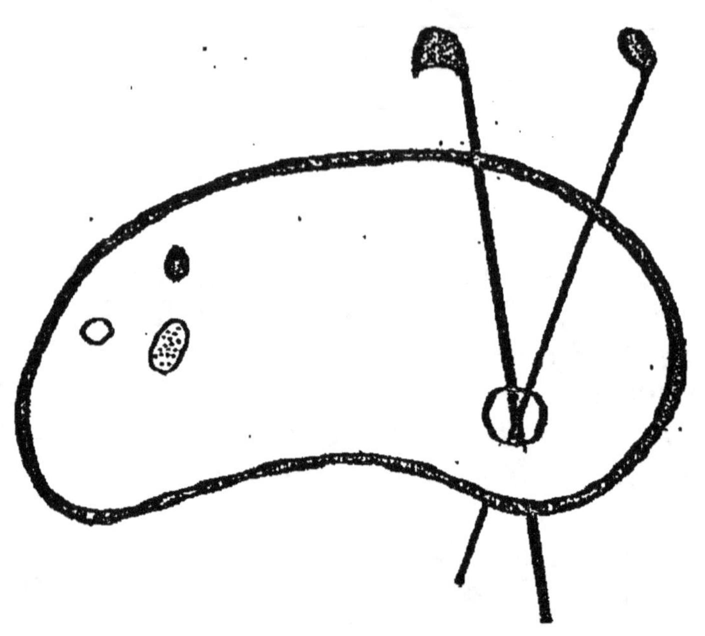

FIN D'UNE SERIE DE DOCUMENTS
EN COULEUR

APOLOGÉTIQUE

LA VIE FUTURE

ET LA

PREUVE DU CONSENTEMENT GÉNÉRAL

D'APRÈS

Mgr Wilhelm SCHNEIDER

ADAPTÉ DE L'ALLEMAND

PAR

M. Germain GAZAGNOL

Du Clergé d'Albi

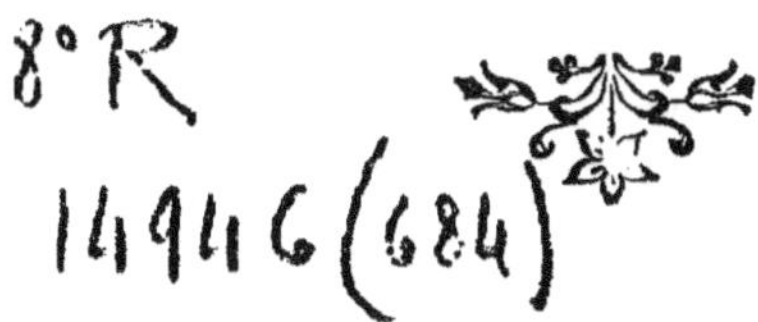

PARIS

LIBRAIRIE BLOUD ET GAY

7, PLACE SAINT-SULPICE, 7

1 ET 3, RUE FÉROU — 6, RUE DU CANIVET

1913

Reproduction et traduction interdites.

LA VIE FUTURE

I

UNIVERSALITÉ DE LA FOI
A L'IMMORTALITÉ

> Dans la question de l'immortalité,
> l'accord de tous les hommes qui
> craignent ou espèrent une vie à
> venir n'est pas une preuve de
> peu d'importance.
>
> (SÉNÈQUE.)

1. — Témoignage des anciens peuples civilisés.

L'âme survivra : tel est, en fin de compte, le sentiment de tous les peuples et de tous les pays.

Les plus anciens peuples civilisés : les Indiens, les Perses, les Chinois, les Egyptiens, les Chaldéens et les Assyriens, auraient eu honte d'une basse origine et d'une fin misérable, tandis qu'un grand nombre de nos philosophes contemporains s'en font précisément un titre de gloire. Tous ces peuples mettaient en tête de leur table généalogique une lettre de noblesse venue de Dieu et leurs traditions religieuses sont unanimes à proclamer la foi à une survivance éternelle de l'âme et à un bonheur dans l'au-delà. « On a souvent affirmé que les services funèbres étaient peu en honneur chez les Indiens. Rien n'est plus faux. Même chez les Indiens, comme presque partout, les sentiments et les pensées qu'éveille en nous la séparation de ceux que nous avons aimés, ont exercé la plus grande influence sur la formation des idées religieuses : oui, on peut démontrer que la foi des Indiens était primitivement alimentée surtout par l'espérance d'une vie future et d'un revoir

dans l'au-delà (1). » « Toute l'antiquité atteste cette foi »,
écrit Cicéron (2). Or, plus elle se rapprochait de son
origine et de sa descendance divine, mieux aussi peut-
être voyait-elle la vérité. Les inscriptions des tombeaux
en donnent un témoignage éclatant. Elles nous disent
que les anciens Égyptiens se représentaient l'au-delà
comme le pays des « îles bienheureuses », où abor-
daient les morts après avoir traversé de grands lacs.
Le jugement a lieu devant le trône d'Osiris, et si le
défunt en est trouvé digne, il est élevé au rang de ces
bienheureux, qui peuvent repaître leurs yeux des
rayons de lumière de Rha, le dieu du Soleil. Sans doute il
mène là une vie semblable à celle de la terre ; il laboure
et il récolte, mais dans des conditions incomparablement
plus agréables, car il est rendu heureux par la présence
immédiate de Dieu. La foi à la migration des âmes a
une origine postérieure. La parole de Cicéron semble
autoriser cette assertion, que la doctrine païenne de
l'immortalité apparaît partout comme une partie essen-
tielle de la religion et semble avoir été un héritage de
la révélation primitive. Il est plus juste cependant de
voir dans la conscience de l'immortalité un sentiment
inné et de la ramener aux aptitudes innées, à la fa-
culté de sentir et de penser de la nature raisonnable de
l'homme (3).

Malgré le recul moral et religieux dont témoigne
l'histoire, les anciens peuples civilisés peuvent se glo-
rifier de représentants célèbres de la foi à l'immortalité.
Confucius, Lao-Tsée, Zoroastre, Socrate, Platon, Cicéron et d'autres ont professé cette foi. Et elle avait poussé
des racines encore plus profondes dans le cœur du peuple que dans le cerveau des philosophes. La philosophie n'a fait qu'introduire le doute dans l'idée homé-
rique de la vie meilleure des Champs Elysées réservée à
l'homme juste.

(1) Max MUELLER, *Vorlesungen ueber den Ursprung und die Entwicklung der Religion*, Strasbourg, 1880, p. 427.
(2) CICERO, *Quæst. Tusc.*, I, 22.
(3) Wolfg. MENZEL, *Die vorschriftl. Unsterblichkeitslehre*. Leipzig,
1871, Vorwort.

Les Pères et plusieurs scolastiques comptent Aristote au nombre de ceux qui ont nié l'immortalité. Le philosophe de Stagire cependant n'a présenté comme matérielle et destructible que l'âme végétative et sensitive, mais non pas l'âme intellective. Dans ses livres sur l'âme, il réclame pour celle-ci la survivance, sans donner, il est vrai, des preuves suffisantes de cette prérogative.

2. — Témoignage des peuples primitifs.

Nous avons encore comme témoins de cette foi les Celtes, les Slaves et particulièrement nos ancêtres païens, les Germains. Le royaume du ciel de ces derniers avait des habitations diverses : le Gimil, le Brimir et le Sindri. Leurs héros ont accès dans le Walhalla, où le dieu Odin les nourrit avec le doux lait de la chèvre Heidrun ou avec la viande délicate du sanglier Saehrimnir. Enfin même les peuples placés au dernier degré de la civilisation ont gardé l'espérance à l'immortalité comme un viatique réconfortant pour leur pèlerinage d'ici-bas. Les habitants des cavernes des époques primitives ont laissé des souvenirs d'un culte des morts qui manifeste en tout cas l'influence de la pensée d'une survivance dans l'au-delà. « Les constructions mégalithiques de l'époque primitive, de l'âge néolithique et de l'âge de pierre, qui pour la plupart sont certainement les monuments funèbres de chefs et de princes, sont sans contredit les témoignages les plus imposants en Europe de cette période de civilisation primitive. Leur construction demanda la coopération bien ordonnée d'un grand nombre d'hommes pour lesquels l'honneur rendu au mort était un besoin du cœur ou une douce obligation (1).

Les esprits forts du XVIIIe siècle ont envoyé des explorateurs dans toutes les régions de la terre à l'effet de découvrir un peuple qui fût sans crainte de Dieu et

____

(1) Joh. RANKE, *Der Mensch*, t. II, Leipzig, 1887, p. 499.

sans espérance d'immortalité. Mais leurs recherches
ont été vaines. Les peuplades même les plus inférieures
au point de vue intellectuel, les plus rudimentaires au
point de vue moral, avaient au moins leurs fétiches,
qu'elles invoquaient en disant : Vous êtes nos dieux, ou
bien : En vous habitent les âmes de nos ancêtres. Aucune nation n'ensevelit ses morts comme on enfouit un
animal ; chaque sauvage en mourant s'en va dans le
royaume des pères, dans le royaume des âmes. Une
tradition religieuse là-dessus et le sentiment intime
d'une existence qui n'admet pas l'anéantissement
se manifestent donc avant le développement de la
raison... Et c'est ainsi que la foi universelle des hommes
à la survivance de notre être (1) est la pyramide élevée
par la religion sur les tombeaux de l'humanité.

3. — Les Australiens et les Tasmaniens.

D'après le jugement d'ethnologistes éminents, les
Australiens de l'Ouest sont au dernier degré de l'humanité et de la civilisation. Néanmoins l'affirmation de
Sir John Lubbock, qu'on ne trouvait parmi eux aucune
trace de foi en Dieu et en la survivance des âmes, a été
depuis longtemps réfutée par les relations des voyageurs
et des missionnaires les plus dignes de foi (2).
Mgr Salvado, le fondateur de la mission des Béné-
dictins de New-Murcia dans la colonie de la rivière des
Cygnes, Oldfield et d'autres explorateurs ont trouvé
cette foi même chez les indigènes de l'Ouest. L'âme du
mort chante et gémit sur un arbre et se laisse émou-
voir par l'appel d'un vivant dans la bouche duquel
elle entre. La mère croit entendre dans les chants
plaintifs d'un rossignol l'âme de son enfant disparu ;
elle va en toute hâte vers cette âme chérie et l'attire
dans sa bouche par les plus tendres invitations. Plusieurs tribus ont des idées plus pures et croient à une

(1) HERDER, *Ideen zur Philosophie der Geschichte*, Riga, 1790, t. II,
p. 328.
(2) W. SCHNEIDER, *Naturvoelker*, t. II, p. 93-108.

sanction future. Seuls les hommes bons arrivent au ciel (Kadischa) dans un lieu au climat enchanteur, au site paradisiaque ; là il n'y a plus que la paix et la joie ; le gibier y abonde et les esprits mauvais n'y ont aucun empire. Celui qui n'a pas un tombeau digne de lui doit errer comme un esprit lutin sur la terre pendant toute l'éternité. Quelques tribus prennent la voie lactée pour un reflet du fleuve Darling, sur les bords duquel les hommes glorifiés se livrent au plaisir de la pêche. Mais ils croient apercevoir dans les nuages de Magellan deux vieilles sorcières qui, à cause de leurs crimes, ont été suspendues au ciel. Les tribus des montagnes de Mac-Donnal pensent que deux jeunes gens impubères avaient privé d'eau le Paradis (Laia) situé dans le nord. D'après les Australiens de Wellington, les anges blancs (Balumbal), c'est-à-dire les âmes des défunts, habitent les montagnes du Sud-Ouest et s'y nourrissent d'un miel délicieux. Les Narrinyeri, sur le Murray, espèrent que Norrundere ou Martummere, qui a créé les hommes et leur a enseigné la chasse, lance du haut des étoiles Wyierrevare une corde aux mourants pour les attirer à lui. Les Wailwun croient que les bons ou Murruba-Murri vont au Baiame, c'est-à-dire au ciel, tandis que les méchants ou Kugil-Murri (menteurs) sont anéantis. La foi à la survivance des âmes est corroborée encore par l'opinion si répandue de la migration des âmes. Elle trouve en ces deux mots sa formule : « Celui qui meurt homme noir ressuscite homme blanc. » Un indigène de Port-Lincoln, qui devait être pendu à Adélaïde, se consolait par l'espérance de revenir bientôt en homme blanc.

Plusieurs colons ou prisonniers échappés, comme le « Chef Blanc » Buckley, ont su tirer parti de cette foi naïve des indigènes australiens, en se donnant comme des parents de l'homme noir, qui auraient été blanchis dans les régions lumineuses du ciel et seraient revenus sur terre sous une nouvelle forme. Dans l'Ouest de l'Australie les Européens et les fantômes sont désignés par le même mot « Djanga ». Les Australiens comptent sur l'assistance secourable des défunts, auxquels ils croient devoir de la reconnaissance, lorsqu'une baleine vient échouer sur le rivage du Sud. L'âme du premier homme que l'on tue devient l'esprit protecteur du meurtrier et établit sa demeure en lui. Cependant l'armée des esprits de tourment et de douleur (Igua, Mani) se recrute aussi parmi les âmes des défunts qui apparaissent la nuit sur les tombeaux et fournissent aux magiciens les éléments de leurs sortilèges pernicieux. On évite de prononcer le nom d'un mort, de peur d'évoquer son esprit.

Les Tasmaniens, décimés ou plutôt exterminés par les Anglais, partageaient en général les idées religieuses des Australiens de la même race. Il n'y a pas le moindre doute qu'ils aient cru aussi à une survivance après la mort (1). Ils espéraient le retour de leurs parents et amis défunts et croyaient à leur intervention efficace dans les affaires des survivants. Ils avaient coutume de placer les malades à côté d'un cadavre dans l'attente que le mort apparaîtrait pendant la nuit et chasserait le démon de la maladie. Un Tasmanien attribuait sa délivrance d'un grand danger à la sollicitude de son père défunt. En présence de ces faits et d'autres semblables, on ne peut s'empêcher de partager l'opinion de M. A. de Quatrefages (2) : « Il en est des Tasmaniens comme des autres peuples barbares : considérés de près, ils ne sont ni matérialistes ni athées, comme on l'a cru tout d'abord. »

4. — Les Papous ou Mélanésiens.

La notion de l'au-delà des Papous ou Mélanésiens, comme leur idée de Dieu, n'a pas une grande valeur intellectuelle ou morale. Mais, pour si grossière qu'elle soit, elle n'en renferme pas moins, outre la foi à une survivance de l'âme, l'idée d'une sanction dans l'au-delà, bien que dans leur vie future la valeur du corps

(1) W. SCHNEIDER, *Naturvoelker*, t. II, p. 126.
(2) A. DE QUATREFAGES, *Hommes fossiles et hommes sauvages.* Paris, 1884, p. 347.

l'emporte sur la valeur de l'âme. « Les indigènes de Port-Moresby croient que l'âme, aussitôt qu'elle a quitté le corps, se rend dans l'Elema, où elle passe les jours et les nuits dans une joie sans fin à manger et à danser. Les âmes des méchants, au contraire, sont exilées dans le Poava et l'Idia, deux petites îles près de Boëra, où elles doivent rester jusqu'à ce que la déesse les délivre et les appelle près d'elle (1). »

Quelques tribus de la Nouvelle-Guinée croient à la migration des âmes. Finsch croit devoir refuser aux anciens habitants de la Nouvelle-Poméranie tout pressentiment de survivance après la mort. Mais ce qu'il raconte lui-même des funérailles et des sacrifices pour les morts ne sert nullement à confirmer son opinion. Wilfred Powell (2) trouva chez des tribus de l'intérieur l'habitude de donner au défunt un gouvernail, que le mort prend avec lui dans le tombeau afin de pouvoir se guider sur l'eau jusqu'au point du firmament où, d'après leur imagination, le ciel touche la terre. » Le Duck-Duck, personnage mystérieux, sait si le défunt est allé au Boinoman ou bien au Bo-Boinoman, avec l'esprit bon ou avec l'esprit mauvais : dans le premier cas, le cadavre peut être enseveli à côté de la hutte; dans le second, il doit être enfoui dans la forêt (3). D'après les habitants des îles Salomon, l'âme du défunt suit le soleil et s'en va avec lui dans l'océan (4).

Les habitants des Nouvelles-Hébrides placent également les Enfers dans l'Ouest. A l'entrée se tient un génie ailé armé d'une massue qui frappe à la tête les arrivants, s'ils n'y prennent garde. Les justes vont au paradis où ils jouissent de beaux fruits et fument le tabac ; mais les avares et les meurtriers sont envoyés dans un lieu de tourments. Les indigènes de la Nouvelle-Calédonie professent des opinions semblables. Ils pensent que le paradis est une contrée, où la pêche

(1) J. CHALMERS et WYATT GILL, *Neuguinea*, Leipzig, 1886, p. 126,
(2) Wilfred POWELL, *Unter den Kannibalen von Neubritannien*. Leipzig, 1884, p. 126.
(3) C. HAGER, *Kaiser Wilhelms-Land*, Leipzig, 1884, p. 125 et s.
(4) A. BASTIAN, *Inselgruppen in Oceanien*, Berlin, 1883, p. 83.

et la récolte du yam sont toujours abondantes, où l'on s'amuse et l'on danse, où les femmes sont toujours jeunes et belles, les enfants et les vieillards redeviennent de beaux jeunes gens. Mais les impies vont dans un lieu où ils doivent se battre avec des démons gigantesques, qui les assomment de coups de fouet (1).

Le missionnaire Lambert (2), de la Société de Marie, rapporte des choses plus précises sur la foi des insulaires des Philippines. Il les apprit de la bouche même d'un prêtre magicien de l'île de Pott. « Les âmes des défunts prennent le chemin du Tsiabilum, le pays de Doibat. Le sort de tous, des bons comme des mauvais, est d'attendre là quelque temps. A l'extrémité de l'île de Pott l'imagination des sauvages a placé un esprit mauvais, une espèce de Cerbère qu'ils appellent Kiemua. Il domine sur la terre de Tsiabumbon. Ce n'est ni un homme ni un esprit humain ; son origine est inconnue. Il a son trône sur des rochers et il se tient continuellement aux aguets, la lance à la main, pour prendre dans ses filets les âmes qui passent. Si ces âmes tombent dans le filet fatal, Kiemua les torture de multiples façons. Mais quand il a assouvi sa fureur sur elles, il les laisse continuer leur chemin vers le Tsiabilum.

Le Tsiabilum est une vaste contrée, que nos indigènes placent au fond de la mer au sud-est de l'île de Pott. Sa beauté et sa fertilité surpassent toute expression : l'igname, le taro, la canne à sucre y mûrissent perpétuellement, sans que l'homme ait besoin de les cultiver. Il y a des forêts vierges d'orangers, dont les fruits servent de jouets aux heureux habitants de ce pays. Cette contrée s'étend avec le nombre des âmes qui s'y réunissent et nos insulaires pensent qu'elle touchera bientôt leur empire. Il n'est pas permis à l'obscurité de venir troubler l'aménité de ce séjour et jamais les yeux ne succombent au sommeil. Le Tsiabilum est soumis à un chef ; comme Kiemua, ce n'est ni un homme, ni

(1) GARNIER, *Océanie*, 2ᵉ édit., Paris, 1875, p. 175 et s.
(2) *Kathol. Missionen*, 1880, p. 73.

un esprit humain. Son nom est Doibat... Doibat n'appelle pas les âmes à lui ; ce sont elles qui se sentent naturellement attirées vers lui. Car tous les habitants de cette terre bienheureuse jouissent de délices telles que nos indigènes ne peuvent en imaginer de plus grandes. Les membres d'une famille qui arrivent les premiers attendent avec joie leurs alliés et leurs proches ; les parents, leurs enfants ; les enfants, leurs parents : l'époux, son épouse ; l'épouse, son époux. Ils ont toujours à la main le Gandie-mawan, corbeille toujours pleine de beaux fruits, pour offrir aussitôt un réconfortant aux amis qui arrivent. La tristesse, la discorde, la maladie, les faiblesses de l'âge y sont absolument inconnues. On se considère et on s'admire réciproquement. On ne reconnaît la différence d'âge qu'aux fruits que l'on fait tourner entre ses doigts. Les premiers arrivés jouent avec des oranges sèches, les autres avec des oranges mûres et les derniers arrivés avec des oranges vertes. Mais les âmes ne passent que la nuit dans le Tsiabilum. Au point du jour, elles reviennent dans le pays de leurs parents et habitent les cimetières où elles sont honorées ; et à la nuit tombante, elles repartent pour le Tsiabilum. Ce n'est qu'au premier voyage qu'on redoute les filets de Kiemua. »

Les Mélanésiens ne comprennent donc pas l'au-delà comme une terre d'où l'on ne revient pas. Les habitants de la baie de Humboldt virent dans les premiers Européens qui abordèrent chez eux leurs ancêtres transformés en blancs et revenus du royaume des esprits ; ils les prenaient pour des fils de Dieu et refusaient en conséquence d'accepter des mets de leur main ; car celui qui touche les mets des dieux doit mourir. Dans l'île de Torres et à Erromanga (Nouvelles-Hébrides), on désigne par un seul et même mot les esprits et les étrangers qui débarquent.

L'espérance qu'ont les Papous d'arriver dans l'autre monde dans le même état où l'on se trouve en quittant celui-ci, fait naître chez plusieurs insulaires le désir de partir pour l'au-delà, exempt de toute infirmité corporelle, et la coutume de prévenir la faiblesse de l'âge

non pas en se tuant soi-même, mais en se faisant tuer
par ses parents. La route qui mène au monde souterrain est longue, pénible et dangereuse. Un homme
affaibli par l'âge et infirme n'arrivera pas au but, mais
il tombera sans lutte à la première attaque du puissant
gardien des Enfers. Pour éviter donc de perdre l'immortalité, l'homme qui a dépassé le zénith de la vie a
coutume d'annoncer à tous les siens qu'il désire mourir. S'il néglige de le faire, ses parents se croient obligés
de le prévenir et de lui assurer la vie éternelle par un
abrègement de la « seconde enfance ». On tient un
conseil de famille, le jour de la mort est fixé et la tombe
est préparée. Le candidat à la mort n'a que le choix ou
de se faire étrangler ou de se faire enterrer vivant. A
Aroma, sur la côte sud de la Nouvelle-Guinée, les
vieillards sont déjà traités comme des morts. Matina
vit un jour un petit-fils jeter sa grand'mère dans le
tombeau sans tenir compte de ses larmes ou de sa faiblesse. « Elle est déjà comme morte, » dit-il pour
s'excuser. Et là-dessus il jeta de la terre dans la fosse,
la pressa fortement de ses pieds et rentra chez lui tout
joyeux (1).

Hunt (2), missionnaire à Viti, décrit une scène d'horreur semblable, dont il avait été lui-même le témoin. Il
fut invité par un jeune homme à assister aux funérailles
de sa mère ; il accepte l'invitation, mais il découvre
bientôt à son grand étonnement qu'il n'y a pas de cadavre dans le convoi funèbre. Il se tourne vers le jeune
homme en deuil et celui-ci lui montre sa mère qui
marche à côté de lui pleine de santé et de bonne hu-
meur. Nouvel étonnement de l'étranger. Le sauvage
lui dit qu'ils ont déjà célébré le festin funèbre en l'honneur de sa mère et qu'ils vont maintenant l'enterrer,
parce qu'elle est déjà très âgée. Son frère et lui estiment
qu'elle a vécu assez longtemps et que le moment est
venu de la tuer ; elle-même d'ailleurs est absolument

(1) CHALMERS et GILL, *loc. cit.* p., 260.
(2) Cf. WILKES, *Die Entdeckungsexpedition der Vereignsten
Staaten* (1838-42), Stuttgard et Tubingue, 1848-1850, t. II, p. 53.

du même avis. Il ajoute que l'amour filial seul le pousse à rendre cet honneur à sa mère et que personne, sauf lui et son frère, ne peut remplir ce saint devoir. Toute l'éloquence de Hunt pour empêcher cette scène tragique échoue devant les suggestions de cette singulière piété filiale. La mère s'assied dans le tombeau. Les fils, les petits-fils, les autres parents lui disent un adieu cordial. Elle est ensuite étranglée par ses fils au moyen d'une corde et est enterrée avec les cérémonies ordinaires.

Villiams raconte comment un vieux chef de l'île de Viti, Somo-Somo, fut enterré vivant et ses femmes étranglées en même temps que lui. Le jeune chef pleurait déjà à l'avance son père comme on pleure un mort. Avant l'introduction du christianisme, la coutume du « Lotu » était si générale à Viti, que le capitaine Wilkes ne trouva dans un village de plusieurs centaines d'habitants qu'un seul homme de quarante ans ; tous ceux plus âgés avaient été tués. Et il apprit des missionnaires que, pendant tout leur séjour, ils n'avaient connu qu'un seul cas de mort naturelle (1).

Cette coutume barbare règne non seulement dans l'archipel de Viti, mais encore dans les îles Arou, aux Nouvelles-Hébrides, à Kuk et à Kunai et dans la Nouvelle-Calédonie, où l'exécution s'appelle la « fête des vieillards ». Là aussi les parents ou les amis remplissent les fonctions de bourreau. On ne laisse pas à la fièvre le temps d'épuiser l'énergie vitale, on aide à son œuvre de destruction. Ensuite on pleure amèrement le défunt et on lui rend tous les honneurs qui lui sont dus (2).

La foi des Papous à la survivance dans l'au-delà est encore démontrée par la coutume d'envoyer au défunt non seulement des mets, des armes, divers engins de chasse ou de pêche, mais encore des âmes pour l'accompagner. Puisqu'on emporte dans l'autre vie les besoins et les désirs qu'on avait sur la terre, le souci principal des survivants consiste à donner au cher défunt tout ce qui a été ici-bas l'objet de ses goûts par-

(1) WILKES, *loc. cit.*, t. II, p. 107.
(2) GARNIER, *La Nouvelle-Calédonie*, 4ᵉ éd. Paris, 1876, p. 236.

ticuliers. On dépose avec lui dans le tombeau les armes et les ustensiles qu'il préférait sur terre, afin qu'il puisse s'établir et se nourrir commodément dans l'autre monde. Les femmes, les parents et les esclaves meurent avec lui, afin qu'il ne se trouve pas sans compagnons et sans serviteurs dans l'au-delà.

L'archipel de Viti nous fournit des preuves effrayantes de cette cruelle coutume (1). La route par où doivent passer les âmes pour arriver au Mbulu, le ciel, est longue, pénible et peu sûre à cause des brigands qui la surveillent. Malheur à l'homme qui s'y hasarde seul ! Il est attendu sur son chemin par la grande femme, la déesse Bewalure, qui nourrit une haine irréconciliable contre tous les célibataires et met en pièces tous ceux qui osent entreprendre leur voyage pour l'au-delà sans se faire accompagner par des femmes. Et lors même qu'ils soient assez heureux pour lui échapper, ils seront inévitablement réduits en poussière par le dieu de l'épouvante Nangga-Nangga. Une femme, au contraire, peut en toute confiance voyager seule, pourvu que son mari, quand elle est morte, se coupe la barbe et la lui mette sous l'aisselle gauche. Mais, pour que le mari défunt puisse prouver aux dieux vengeurs du monde souterrain qu'il a gardé l'indissolubilité du mariage, ses femmes doivent le suivre dans la mort. Il les attend à un endroit déterminé pour continuer en leur compagnie son voyage vers l'autre monde. Les cadavres du « Loloku », ou sacrifice funèbre, sont désignés sous le nom de « litière du tombeau ». Lorsque Katu Mbithi, l'orgueil de Somo-Somo, périt sur la mer, on tua toutes ses femmes au nombre de 30 selon les uns, de 70 ou 80 selon d'autres. Après le massacre qui eut lieu parmi la population de Namena en 1839, 18 femmes furent envoyées dans l'éternité pour y retrouver leur mari assassiné.

Une manifestation plus évidente de la foi des Mélanésiens à l'immortalité, c'est le culte des ancêtres. Bien que tous les peuples païens aient représenté la vie de

____

(1) W. Schneider, *loc. cit.*, t. I, p. 203 et ss.

l'au-delà comme une continuation naturelle de celle-ci, il y a cependant dans leur esprit quelque chose de plus que l'espérance d'un simple changement de lieu. A la pensée de l'autre monde s'ajoute partout l'espérance d'une existence plus noble et plus élevée. Dans l'idée de presque tous les peuples barbares les défunts se rapprochent de la divinité et arrivent au rang de dieux inférieurs ou demi-dieux, tout au moins au rang d'êtres intermédiaires, qui prennent une part importante à la direction des événements de la terre et sont honorés comme des esprits protecteurs. La foi des païens à l'immortalité s'affirme encore par l'habitude d'honorer de l'apothéose, après leur mort, les princes et les rois qui avaient été déjà pendant leur vie vénérés comme des favoris privilégiés ou même comme des fils corporels de dieux ; de là vient encore le culte des mânes. L'expression de ce culte se trouve dans les sacrifices faits à la mort ou aux funérailles des princes et des grands. Si on livre au massacre les prisonniers de guerre, ce n'est pas tant pour assouvir la soif de vengeance que pour honorer dignement les esprits des soldats morts pour leur pays.

Le Papou de la Nouvelle-Guinée se tient prosterné devant son Korwar (Karwar, Karowar), figure de bois dans laquelle habite, pense-t-il, l'âme d'un mort chéri devenu esprit protecteur ; il lui demande conseil, implore son assistance, lui offre en sacrifice du tabac, de la toile de coton, des perles de verre et autres choses semblables. L'âme du défunt a établi sa demeure en elle et on peut lui parler et l'invoquer. Cette idole à grosse tête, à large bouche, au nez saillant se trouve dans la maison de tout Dorehsien ; elle joue un rôle important dans les naissances, les mariages et les cas de mort, dans la chasse et dans la guerre. Les Arsaces et d'autres tribus de l'intérieur de la grande île ne possèdent pas, comme les Maforèses, des fétiches de morts ; mais ils ont peur des âmes des défunts, qui errent dans les forêts, et chaque famille a son lieu sacré, où elle leur offre des sacrifices (1). Une forme préférée du culte

1) THALMERS et GILL, *loc. cit.*, p. 61.

des morts en Nouvelle-Guinée, c'est le culte des crânes. Les Papous de Doreh font de la tête du mort leur divinité familiale (Korwar), après lui avoir d'abord mis des yeux, des oreilles et un nez (1). Dans le reste de la Mélanésie on a aussi l'habitude de transformer en talismans ou en fétiches les crânes des parents ou des membres de la même tribu défunts, notamment ceux des chefs et assez souvent aussi ceux des ennemis. On peut affirmer sans crainte d'être contredit que pas une des tribus de la race papoue, partagée cependant en de si nombreuses branches, n'est étrangère au culte religieux des morts. A Baladea (Nouvelle-Calédonie), on appelle Dieu « Dianua », un esprit « Dianu » et un cadavre « Diu ». Devant les Pénates on fait tous les jours des prières et avant aussi bien qu'après une entreprise importante on leur offre un sacrifice. A Tanna, une des Nouvelles-Hébrides, le mot « Aremha » signifie à la fois les dieux et les esprits des ancêtres. Après le sacrifice des prémices des fruits le chef qui fait fonction de prêtre adresse, en présence de l'assemblée recueillie et silencieuse, la prière suivante à l'esprit protecteur : « Père miséricordieux, voici des mets pour toi ; prends-les et sois-nous favorable à cause de ce don. » Les insulaires de Viti mettent une distinction entre les Kalou-Vu, dieux primitifs et incréés et les Kalou-Yalo, âmes-dieux ou esprits des ancêtres, qu'ils invoquent et par lesquels ils jurent.

5. — Les Polynésiens et les Micronésiens.

D'après l'avis unanime de tous les observateurs impartiaux, le culte de la divinité dans la Polynésie et la Micronésie a été tellement supplanté par le culte des Mânes et relégué à l'arrière-plan, qu'il est difficile de connaître le ciel primitif des dieux. Outre les images des dieux dans lesquelles on honorait les Atua, il y avait partout ce qu'on appelle Tii ou Tiki, des statues grossièrement sculptées ou plutôt des bâtons plus ou

____

(1) Otto Finsch, *Neuguinea,* Brême, 1865, p. 104.

moins gros, au sommet desquels une tête ou même
simplement une figure sculptée rappelait le souvenir
des défunts. On considérait ces images comme des
réceptacles de la puissance divine et on s'en servait
en maints endroits, notamment dans la Nouvelle-
Zélande, pour désigner les Tabous publics. On appelait
lieux sacrés non seulement les temples, mais aussi les
tombeaux qui, à Tamoa, à Tonga et dans la Nouvelle-
Zélande, servaient d'ailleurs aussi de temple. Les rois,
les chefs et les prêtres, qui déjà de leur vivant avaient
un commerce immédiat avec la divinité, furent, cela va
sans dire, admis au nombre des dieux dès leur entrée
dans le royaume de la nuit (Po). Mais si on veut que
les âmes des défunts, qui privées du secours des survivants restent exilées sur la terre, parviennent au ciel
des dieux, il faut d'abord offrir pour elles des sacrifices
expiatoires. Après ces sacrifices ces âmes sont mangées
par les dieux, participent ainsi à la nature divine et
arrivent au séjour des bienheureux. Elles reviennent
cependant sur la terre pour y boire une coupe de Kava
et vivre en un commerce agréable avec les vivants.

Les habitants de Samoa qui, avec Tonga, passe pour
la résidence principale des Polynésiens dans leur nouvelle patrie, sont tenus pour impies chez les insulaires
de Viti. Ils doivent cette mauvaise réputation à leur
négligence dans le service des divinités supérieures et
dans le culte des idoles. Pour ce motif, quelques
voyageurs et ethnologistes les ont accusés, à tort, de
nier la divinité. Ils honorent, en particulier, les âmes
des ancêtres et professent expressément la foi à une
vie future et bienheureuse dans un paradis, qui se
présente naturellement sous les brillantes couleurs du
paradis mahométan et que les uns placent sur leur île
même et d'autres dans une île éloignée. Quant à leurs
chefs, ils doivent occuper l'habitation même des dieux,
le Bolotu. La nuit, les morts apparaissent sur la terre
sous forme de feux follets, ils visitent leurs anciennes
huttes et disparaissent de nouveau au point du jour (1).

(1) WILKES, t. II, p. 221 et ss.

Il faut rappeler aussi que l'héroïsme cruel qui consiste à suivre volontairement dans la tombe un défunt chéri, se rencontrait fréquemment dans la Polynésie, par exemple à Tonda, Tahiti, dans la Nouvelle-Zélande et aux îles Hawaï. Gerland (1) est d'avis que la coutume qui règne dans plusieurs îles de l'Océan Pacifique, notamment à Tahiti, d'immoler des enfants, prend sa source dans des idées religieuses, surtout dans l'espérance d'avoir des esprits protecteurs auprès des dieux, en envoyant dans l'autre monde des âmes pures d'enfants.

Dans les îles Marshall, les âmes qui ont été élevées au rang d'esprits protecteurs s'appellent Ani (Anii, Anit, Alinche); aux îles Carolines, elles sont invoquées par des sacrifices et des prières sous le nom de Tahu-Tup ou Tau-Tup, c'est-à-dire âmes protectrices des ancêtres ; elles accordent des moissons abondantes et des chasses heureuses. Elles ne sont pas exilées dans l'au-delà, mais elles reviennent le quatrième jour après la mort au milieu des vivants pour recevoir leur culte. Elles peuvent aussi faire des migrations à travers les corps des animaux. Il y a un ciel pour les âmes bonnes et un enfer pour les mauvaises (2).

La foi des insulaires de Palan (Pelew) à la survivance des âmes est attestée par le capitaine Wilson (3), qui transporta le prince Li-Bu en Angleterre. « Le capitaine dit un jour à ce dernier que le but des prières des églises est de rendre les hommes meilleurs, afin que lorsqu'ils seront morts et enterrés, ils puissent vivre de nouveau là-haut (et il montrait le ciel). Li-Bu lui répondit aussitôt avec vivacité : « Il en est de même à Pelew ; les hommes « méchants restent dans la terre et les bons vont dans le « ciel et deviennent très beaux. » Et ce disant, il leva sa main en l'air, agita ses doigts en les abaissant et les

---

(1) G. GERLAND, *Das Aussterben der Naturvoelker*, Liepzig, 1868, p. 95. — WEITZ-GERLAND, *Anthropologie der Naturvoelker*, t. VI, p. 140 et ss.

(2) CANTOVA, dans *Stoecklein*, Neuer Welt-Bott, Augsbourg et Graz, 1726, liv. XV, p. 91.

(3) WILSON, *Nachrichten von Pelewinseln*, Hambourg, 1789, p. 433

levant pour indiquer le mouvement des âmes. » Et dire
que Sir John Lubbock (1) en appelle précisément à ce
Wilson pour compter les Pelewaniens au nombre de
ceux qui nient Dieu et l'immortalité.

6. — Les habitants de l'archipel Indien.

Dans l'archipel des Indes règne aussi la cruelle
coutume d'offrir au mort des âmes pour l'accompagner
et le servir. A Bornéo, les esclaves qui doivent être
sacrifiés à l'occasion des funérailles d'un Dajac remarquable entendent d'abord les recommandations expresses
des parents du défunt : ils devront servir leur maître
avec zèle dans l'autre monde, le soigner lorsqu'il sera
indisposé et rester toujours à ses côtés ; après cela, ils
sont empalés. Aux obsèques de Tomongung-Tundan,
quarante esclaves furent tués. Lorsqu'un rajah de Long
Wahou vient à mourir, on organise aussitôt une grande
chasse aux têtes et on orne de têtes d'hommes les pieux
qui sont autour de la tombe (2). Les Idaanes croient se
faire un serviteur pour l'autre monde de celui qu'ils tuent
ici-bas ; c'est pourquoi ils paient, dans ces cas-là, un
esclave quatre fois sa valeur pour avoir le droit de
l'immoler eux-mêmes. « Nous fûmes témoins, en 1871, à
Manado, d'un fait étrange, écrit Meger (3). Comme un
de leurs vieux chefs mourait, nos serviteurs refusaient
de sortir à la tombée de la nuit, de peur qu'on leur
coupât la tête. » Ces idées ont une connexion évidente
avec la coutume de « couper les têtes ». On croit, en
effet, en s'emparant d'une tête d'homme, s'être assuré
les services de l'esprit qui l'habitait ; par conséquent,
plus on vole de têtes, plus nombreuse sera l'escorte avec
laquelle on pourra entrer dans l'autre monde. Le deuil
d'un mort chéri prend fin dès qu'une tête est tombée

---

(1) Sir John LUBBOCK, *Die Entstehung der Civilisation*, Iéna, 1875,
p. 174.
(2) BOCK, *Unter den Kannibalen auf Borneo*, Iéna, 1882, p. 240
252, 262.
(3) *Das Ausland*, 1882, p. 326.

pour son service. Un père qui venait de perdre son fils
s'en alla aussitôt à la chasse aux têtes et tua le premier
venu qu'il rencontra.

C'était une autre vieille coutume d'ensevelir ou de
brûler vivante la femme après la mort de son mari.
Même les Hindous civilisés n'ont pas voulu s'en dépar-
tir. Encore en l'année 1803 on immola, à Calcutta et
dans un rayon de 30 milles anglais, 370 veuves et, de
1818 à 1823, dans le seul canton de Grafschaft, 3.068.
Sept fois l'épouse fait le tour du bûcher allumé par la
main de son propre fils ou du parent le plus proche et
puis elle se précipite dans les flammes en jurant sur sa
conscience qu'elle reste fidèle à son mari. Satya ! Satya !
Satya ! c'est-à-dire femme bonne, telles sont ses dernières paroles. Il n'y a pas longtemps, un Hindou très
cultivé a écrit en anglais un livre dans lequel il dépeint
la scène effrayante dans laquelle sa tante, en deuil de la
mort de son mari, fut vraiment une « Suttee », c'est-à-
dire monta volontairement sur le bûcher après avoir
montré son courage devant la mort par l'épreuve du
feu.

7. — Les Mincopiens dans les îles Andaman.

Un amour qui ne s'éteint pas à la mort est aussi
connu des Mincopiens, petite tribu des îles Andaman,
divisée en plusieurs hordes nomades, qui passe généralement pour être au dernier échelon de l'humanité et
qui est accusée de nihilisme religieux. La veuve porte
avec elle le crâne (*chattada*) de son mari défunt, peint
en rouge et orné de franges, jusqu'à ce qu'elle se marie
de nouveau. Il y a d'autres signes touchants de piété :
les femmes préfèrent entre autres ornements des colliers
formés avec les os des doigts et des pieds des ancêtres (1).
Les Mincopiens espèrent une autre vie après la mort et
ils allument un feu sous l'échafaudage où repose le
cadavre d'un chef, pour conduire au repos le puissant

(1) F. J. Monat, *The Andaman Islanders*, Londres, 1863, p. 327.

esprit du défunt. Le lieutenant supérieur Titler, qui fut gouverneur des îles Andaman, rapporte que les crânes des chefs sont conservés « comme des talismans » (1).

8. — Les Madécasses ou Malgaches.

Nous arrivons maintenant à Madagascar, qui géographiquement appartient à l'Afrique, mais ethnographiquement se rattache plutôt à l'Océanie et à l'Australie. Car, de l'avis presque unanime des anthropologistes et des ethnologistes, les Madécasses ou Malgaches témoignent soit par leur structure physique, soit par leur tournure d'esprit, par leur langue et leurs mœurs, d'une parenté intime avec les Maléo-Polynésiens.

James Sibree (2), qui connaissait bien les Malgaches, a donné sur leurs idées de l'au-delà les indications suivantes : « Les anciennes notions des Malgaches relatives à l'état de l'homme après la mort paraissent très embrouillées et obscures. Souvent on dit des morts qu'ils sont allés dans l'air ou qu'ils sont redevenus néant (*lasanko-riootra*) ; et cependant il existe à côté une certaine foi à une continuation de leur existence, puisqu'on les prie et qu'on les invoque dans toutes les cérémonies religieuses. On dit des défunts qu'ils sont « partis pour ailleurs » ou bien « devenus dieux » (*lasanko-Andriamanitra*). Cette indication mérite bien d'être retenue, puisqu'elle paraît renfermer quelque chose des idées panthéistes. Dans un discours très remarquable, qui est attribué au père du premier Radama, au roi Andrianimpoinimérina, mort en 1810, ce roi dit à ses amis et à sa famille qu'il est appelé par Dieu et qu'il s'en va maintenant dans le ciel. Une autre expression est encore très souvent employée pour les morts, on les appelle *nodry mandry*, c'est-à-dire mot à mot « partis pour le sommeil » ; cette appellation

(1) Rich. ANDREE, *Ethnographische Parallelen und Vergleiche*, Stuttg., 1878, p. 137.
(2) James SIBREE, *Madagascar*, Leipzig, 1881, p. 351.

paraît bien impliquer la pensée d'un retour du tombeau, puisque le même mot est souvent employé pour désigner les gens qui passent la nuit dans un autre lieu et ne reviennent que le lendemain dans leur maison. »

Pour compléter cette étude, nous nous contenterons de relater un seul fait pris dans un rapport du missionnaire *Finaz* (1). Aussitôt après leur mort, les princes Sakalaves participent aux honneurs divins, et sont l'objet de solennités religieuses, surtout à l'occasion du couronnement du nouveau roi. Les enfants ont également l'habitude d'offrir des sacrifices aux âmes de leurs parents. Pour les Hovas, tout roi « qui a tourné le dos » devient aussitôt « un saint »; tous ses trésors sont déposés avec lui dans la tombe et on lui offre un sacrifice. Généralement les défunts sont invoqués par leurs parents.

Nous arrivons tout de suite aux païens du « nouveau monde ». Ceux-là aussi croient à l'immortalité.

9. — Les Esquimaux.

Les habitants de l'extrême-nord, les Esquimaux ou Innuites qui, sans nul doute, sont de la même tribu que les Groënlandais, méritent, d'après sir John Lubbock (2), une place à part, parce qu'ils offrent l'exemple remarquable « d'un peuple qui est arrivé à un développement moral réellement supérieur sans le secours d'une religion proprement dite ». Un peuple qui aurait de bonnes mœurs, sans l'idée de Dieu et sans l'espérance de l'immortalité, serait, en effet, une découverte précieuse pour le concept moderne du monde qui veut « une morale indépendante », c'est-à-dire sans religion. Les Esquimaux cependant ne sont ou ne furent jamais ni un peuple aux mœurs parfaitement pures, ni un peuple absolument dépourvu de religion. Nous devons au vieux David Kranz des explications précieuses sur

(1) *Kathol. Missionen,* 1876, p. 46 et ss.
(2) Sir John Lubbock, *Die vorgeschichtliche Zeit,* Iéna, 1874, t. II, p. 224.

leurs idées au sujet d'un être suprême et d'une autre vie. Quelques Groënlandais, il est vrai, furent à demi, sinon tout à fait, matérialistes dans le sens actuel du mot. Mais ceux qui étaient intelligents parmi eux tenaient l'âme pour un être parfaitement distinct du corps et lui survivant après la mort. La plupart cherchaient le paradis dans le monde inférieur, où habite le dieu Torngarsuk, « où il y a un soleil perpétuel, de l'eau excellente, et une profusion d'oiseaux, de poissons, de phoques et de rennes, que l'on peut prendre sans fatigue ». Mais ceux-là seuls qui ont travaillé ou souffert beaucoup, par exemple ceux qui ont fait naufrage ou qui sont morts en naissant, peuvent entrer dans cet Elysée, non pas cependant sans une épreuve ou purification préalable ; bien plus, ils doivent « pendant cinq jours ou plus glisser sur un rocher aux arêtes tranchantes, et qui, pour cette raison, est toujours couvert de sang ». Les survivants ont l'habitude, pendant ces jours, de s'abstenir de certains mets et de tous les travaux bruyants, afin que l'âme du cher défunt puisse achever, sans fatigue, son périlleux voyage. Plusieurs mettent dans le tombeau de l'homme adulte ses instruments de travail et ses armes, afin qu'il puisse se procurer sa nourriture dans l'au-delà. Dans la tombe d'un enfant on met une tête de chien, afin que l'âme du chien soit un guide sûr pour l'enfant. D'autres voient le séjour des bienheureux dans le ciel supérieur par-dessus l'arc-en-ciel ; et la route pour y atteindre est si facile et si rapide, que le soir même du jour de la mort l'âme est déjà dans la lune et s'y amuse avec les autres nouveaux venus. Mais les partisans du paradis souterrain objectaient que les âmes, à cause de la rapide rotation du ciel, ne pouvaient jamais y trouver de repos et que, par conséquent, elles risquaient de maigrir et de s'affaiblir. Les philosophes de de leur côté considéraient le séjour dans un ciel où se retrouvaient les nécessités, les jouissances et les occupations corporelles comme un état intermédiaire qui précédait l'entrée dans les demeures silencieuses, et ils plaçaient l'enfer, lieu des ténèbres et du froid, de la douleur et de l'effroi, dans le monde souterrain (1). Parmi les Groënlandais, comme parmi les Aléontiens, on croyait généralement aussi à deux âmes : le souffle et l'ombre. Pendant trois jours, l'âme-ombre voltige autour du cadavre et descend ensuite dans le monde souterrain.

L'empire des morts des Esquimaux se divise en deux parties : *Adlivun,* où règne la déesse Sedna, pour les méchants et *Kudlivun* pour les bons. On distingue cinq régions du ciel correspondant aux cinq stades de la migration et de la purification des âmes. Dans le ciel le plus élevé habitent les âmes absolument pures, les hommes de lumière ou *Lhanchun ;* dans le ciel infé-rieur, dans le soleil, dans la lune, dans l'aurore boréale se trouvent les âmes les moins pures, les hommes-étoiles ou *Mittat.* Tout homme qui a observé pendant sa vie la justice et la religion, peut s'élever au degré de *Lhanchun.* Les Aléontiens pensent que l'homme meurt cinq fois et renaît cinq fois ; lorsqu'il perd la vie pour la cinquième fois, il abandonne pour toujours la terre et est placé d'abord dans le *Mittat* (2).

10. — Les Hyperboréens de l'Asie.

Les Hyperboréens de l'Asie, les Tsutsches, les Kor-jakes, les Kamtschadales, etc., repoussent aussi comme une erreur l'opinion qu'à la mort tout est fini. Les Tsutsches observent même dans la crémation des cadavres, qui d'ailleurs n'a lieu que sur le désir exprimé par le défunt, la direction que prend la fumée. Si elle monte perpendiculairement vers le ciel, c'est un signe que l'âme part pour le soleil, mais si elle s'abaisse vers la terre, l'âme reste ici-bas pour commencer sa migra-tion dans les corps des animaux ; c'est là un châtiment pour les mauvais traitements qu'elle leur avait infligés.

(1) David Kranz, *Historie von Groenland,* 2ᵉ éd. Barby, 1870, t. I, p. 257, 260, 301.

(2) Friedr. Ratzel, *Voelkerkunde.* Leipzig, 1885, t. II, p. 779 et s

Chez les Tsutsches, comme chez les Kamtschadales,
les personnes âgées et infirmes ont la coutume de
demander à leurs parents le coup de la mort (1).

11. — Les Indiens de l'Amérique du Nord.

Les tribus indiennes de l'Amérique apportent, elles
aussi, un contingent considérable de témoignages en
faveur de la foi à l'immortalité. Des hommes vraiment
dignes de foi comme Lafitau, Schoolcraft, Catlin, etc.,
nous assurent qu'ils n'ont rencontré nulle part dans le
nord de l'Amérique un seul Indien, à plus forte raison
une seule tribu d'Indiens qui regardât la mort comme
un anéantissement total de la vie. Même chez les
Peaux-Rouges sommeille un cœur rempli de besoins,
de désirs et d'espérances, plein de confiance que toutes
leurs aspirations seront satisfaites dans un autre monde.
Pour si différentes que puissent être les opinions de
chaque tribu sur l'âme et son existence dans l'autre vie,
il y a certains traits fondamentaux qui sont communs
à toutes et qui trahissent en maints endroits une res-
semblance surprenante avec les notions des peuples
sauvages du vieux paganisme.

Dans la tribu des Algonquins comme chez les Iroquois
on trouve la foi à la préexistence de l'âme, qui, d'après
eux, est un être plus ou moins incorporel. L'âme est,
d'ailleurs, tellement indépendante du corps, qu'elle
peut s'en échapper quand elle veut; seulement, d'après
l'opinion de Dakota, elle doit choisir une sortie détermi-
née. Lorsque la mort arrive par la pendaison ou par la
strangulation, d'après les Cheyennes l'âme reste exilée
dans le cadavre. C'est pourquoi on préfère mille fois
mourir en croix que par strangulation. Ici encore nous
retrouvons la théorie d'une âme double. Un Odschilwe
l'affirmait ainsi : « Dans nos rêves nous parcourons de
longs espaces, nous voyons des collines, des mers et

(1) WHYMPER, *Alaska,* Brunswig, 1869, p. 98. — DALL, *Alaska and
its ressources,* Boston, 1870, p. 384. — STELLER, *Beschreibung vom
Lande Kamtschatka,* Francf. et Leipzig, 1774, p. 294.

bien d'autres choses encore. Mais pendant ce temps-là il reste encore une âme dans notre corps, sans quoi il serait mort (1). » Les Hurons appellent les squelettes de ceux qui sont morts depuis longtemps *Eskenn* ou *Hati-skenn*, c'est-à-dire âmes, mânes, ombres. A la mort, en effet une âme se sépare du corps, attend à côté de la tombe la fin des funérailles et puis se change en colombe ou bien s'en va aussitôt dans le royaume des esprits. Mais la seconde âme reste dans la tombe avec le cadavre jusqu'à ce qu'elle trouve une occasion d'habiter de nouveau un corps humain.

La foi des Indiens de Tlinkit, sur la côte nord-ouest, n'exclut personne de la réincorporation. C'est pourquoi ceux qui ne sont pas contents de leur sort manifestent souvent le désir d'être bientôt tués, afin de pouvoir renaître dans une meilleure condition, par exemple dans une famille de chefs (2). De semblables espérances ont occasionné à plusieurs reprises chez les esclaves nègres de l'Amérique de véritables épidémies de suicide. Les Iroquois pratiquent dans chaque tombeau une petite ouverture, afin que l'âme puisse librement entrer et sortir.

Les tombeaux sont sacrés et leur profanation est regardée comme un crime capital. Chez quelques peuples des Indes, il y a des tombeaux communs où l'on vient déposer, longtemps après leur mort, ceux qui avaient déjà trouvé un lieu de repos provisoire dans les terrains de chasse. Ce second enterrement, qui a lieu avec la plus grande solennité et au milieu de de nouvelles plaintes funèbres, s'appelle la fête générale des morts ou des âmes. Les Iroquois et les Hurons la célébraient tous les dix ou douze ans et aussi chaque fois qu'ils changeaient de demeure. C'est avec un soin touchant que chaque famille recueille les ossements et jusqu'aux plus petits restes de ses chers défunts et les honore par des présents et par de plaintives mélopées. Avant de les confier à la fosse commune, on expose

(1) *The literary World*, New-York, août 1847, p. 6. K. ANDREE, *Nordamerika*, 2ᵉ éd. Brunswig, 1854, p. 254.
(2) AUREL KRAUSE, *Die Tlinkit-Indianer*, Iéna. 1885 p. 282.

durant quelques jours les cadavres, les squelettes et jusqu'aux plus petits ossements (1).

Tous les peuples indiens placent le royaume des morts dans un pays éloigné, situé d'après les uns d'un côté du ciel, d'après les autres d'un autre côté. Le chemin pour y arriver est long, pénible et dangereux. Les âmes à qui l'on refuse les derniers devoirs peuvent à peine le trouver. Ce sont ou bien des montagnes abruptes à gravir, ou bien de profonds abîmes à franchir sur le dos glissant d'un dragon monstrueux, des fleuves larges et impétueux à traverser dans une barque de pierre ou sur des ponts étroits et branlants : celui qui tombe est changé en poisson et en tortue.

Heureux l'Indien de Tlinkit qui possède des amis dans le royaume des ombres. A son appel, ils accourent pour lui faire traverser le fleuve dans leurs canots. Nombreux sont les infortunés qui errent sans repos de ce côté du fleuve, parce que personne ne leur rend le service de les passer. Mais celui qui arrive heureusement à l'autre bord s'aperçoit, à son grand effroi, qu'il y a plus d'un Cerbère qui grince des dents à son approche. Le nouveau-venu qui échappe encore à ce danger trouve à la limite de la terre tant vantée, dans une belle clairière de la forêt, ses parents et ses amis, qui l'entourent pour apprendre les nouvelles d'ici-bas. Parfois on lui fait un accueil chaleureux, parfois aussi on le reçoit froidement (2). Pour son long et pénible voyage, on donne au mort, soit dans le tombeau, soit sur le tombeau, des provisions de bouche et ses instruments préférés : à l'enfant on donne ses jouets, à l'adulte sa hache de combat et son calumet, son arc, son carquois et les scalpes arrachés à l'ennemi. Une mère qui a perdu son petit enfant fait couler de son sein quelques gouttes de lait dans le feu, afin que le petit dans l'au-delà puisse s'en délecter (3). Ainsi que nous l'apprenons par une légende de Tlinkit, les mets qui ne sont pas

(1) BAUMGARTEN (Lafitau), *loc. cit.*, t. I, p. 484 et ss.
(2) SCHOOLCRAFT, *Information respecting the history, condition and prospects of the Indian tribes...* Philadelphie, 1851-60, t. II, p. 135.
(3) BAUMGARTEN (Lafitau,) *loc. cit.*, t. I, p. 487.

d'abord changés et en quelque sorte spiritualisés par le feu ne peuvent servir aux âmes. D'autre part, le palais des mortels ne peut jamais goûter aux mets des dieux.

De même que l'Israélite en mourant espérait se réunir à ses pères dans le Schéol, de même aussi l'Indien a coutume de dire, en présence de la mort, qu'il veut aller voir son aïeul. Mais chez les Indiens comme chez les anciens peuples civilisés, les images de l'enfer portent l'empreinte de l'angoisse. Un Tlinkit qui se prétendait revenu de ce pays des esprits, racontait que dans ce pays on ne connaît pas la joie. La faim, la soif et d'autres misères y ont établi leur demeure ; l'eau du fleuve souterrain n'est pas potable, elle est verdâtre et amère comme le fiel. Et ceux qui sont de l'autre côté du fleuve, dans le royaume des ombres proprement dit, ne reçoivent que les mets et la boisson que les survivants leur offrent en sacrifice dans le feu. Les âmes dont le corps a été incinéré jouissent de la lumière et de la chaleur, parce qu'elles peuvent toujours atteindre le foyer, tandis que les autres languissent dans le froid et les ténèbres. Les âmes auxquelles on a offert des esclaves en sacrifice mènent une existence commode, tandis que les autres sont obligées de travailler (1).

En général, cependant, l'autre monde est aux yeux de l'Indien un monde meilleur, riche en biens et en jouissances, comme les désire tout cœur d'Indien, un paradis qui, par la magnificence, la variété et l'abondance de ses dons naturels, peut se comparer au jardin de l'Eden. Les Iroquois et les Hurons l'appellent *Eskennenna*, pays des âmes, des ancêtres ; d'autres l'appellent *Wakanda*, pays de la vie ; et de nombreuses tribus l'appellent *l'heureux pays de chasse*. C'est là qu'habite le grand esprit, c'est là que règne sous un ciel sans nuages un éternel printemps, une paix inaltérable, une joie sans mesure et sans fin. Les bienheureux peuvent à leur gré aller à la chasse et à la pêche, fumer et plaisanter, jouer et danser. L'espoir d'un tel Elysée fait croire à plusieurs Indiens que mourir est un profit,

(1) A. KRAUSE, *loc. cit.*, p. 281.

qu'on ne paie pas trop cher par une mort volontaire.
Chez les tribus du Nord, notamment, régnait la coutume que les parents devenus vieux demandassent à
leurs enfants comme une preuve d'amour filial de les
tuer. Chez les Tschippewyans, le père supplie qu'on
veuille bien le faire changer de climat ; s'il ne le pro-
pose pas lui-même, on le force à choisir entre ces deux
extrémités : ou bien se faire porter dans un petit canot
sur le rivage d'une île déserte pour y mourir seul, ou
bien supporter courageusement la mort selon la coutume des ancêtres. Si le malheureux vieillard a pris ce
dernier parti, ce qui est la règle générale, ses parents
entonnent un chant de joie en reconnaissance de ce
que le Maître de la vie leur a donné la juste connaissance de la manière de traiter les vieux et les faibles,
qui consiste à les envoyer dans une terre meilleure, où
ils pourront chasser avec la vigueur d'une nouvelle
jeunesse. Le fils aîné a le triste privilège de donner à
son vieux père le coup de la mort avec une massue (1).
Chez les Indiens du Labrador et de la baie d'Hudson, les
parents infirmes demandent également la mort à leurs
propres enfants et ceux-ci croient que c'est un devoir
d'obéissance d'accomplir en cela leur désir. On prépare
une tombe, le candidat à la mort y descend, continue à
parler avec les siens, fume encore une fois et boit le
dernier coup, ensuite il fait un signe et deux de
ses enfants lui passent une corde autour du cou et
l'étranglent (2).

Le mort se présente dans les heureux pays de chasse
avec le même équipement qu'on avait donné à son
cadavre. C'est pourquoi les survivants prenaient à cœur
de peindre et d'orner les cadavres d'après toutes les
règles de l'art, afin que les nouveaux venus produisis-
sent une impression favorable dans le pays des esprits.
Chez les Cheyennes et d'autres tribus du Far-West,
on recherche de préférence pour orner un cadavre la

(1) J. LONG, *See und Landreisen*, traduit de l'anglais par Zimmer-
mann, Hambourg, 1791, p. 109 et ss.
(2) K. ANDREE, *loc. cit.*, p. 171. CHARLEVOIX. *Journal d'un voyage
dans l'Amérique Septentrionale*, Paris, 1744, p. 181 et s.

cotte d'armes, qui a rendu les meilleurs services pendant de longues années à un soldat de l'armée alliée, une paire d'épaulettes et un chapeau de militaire (1). On pratique aussi chez plusieurs tribus indiennes la cruelle coutume d'honorer un mort distingué ou particulière- ment aimé en lui sacrifiant des âmes pour l'accompagner et le servir. Un vieux chef des Tsimschians fit tuer une de ses esclaves, pour l'envoyer de la sorte offrir ses services à sa fille dans l'autre monde (2). Les Osages, les Komantsches et d'autres tribus s'imaginent obtenir l'âme de quelqu'un en s'emparant de son scalpe. Par conséquent, le dernier et le plus grand service qu'on puisse rendre à un guerrier tombé sur le champ de bataille consiste à suspendre sur sa tombe le scalpe d'un ennemi et à lui envoyer ainsi un esclave dans l'au- delà. Beaucoup de femmes de la tribu des Knistenaux acceptaient volontairement la mort pour suivre leur mari (3). Avec le cadavre d'un chef des Sitka on brûla plusieurs esclaves, « afin qu'ils pussent le servir dans l'autre monde (4) ».

Un jeune couple chez les Nadowessiers perdit un fils âgé de quatre ans. Les parents étaient dans l'affliction la plus profonde. Le père était tellement accablé de chagrin qu'il s'ouvrit volontairement les veines et se donna ainsi la mort selon la coutume funèbre du pays. La mère, jusque-là inconsolable, cessa tout à coup de pleurer ; interrogée sur la cause de ce changement singulier, elle répondit avec calme, qu'elle était parfai- tement tranquille sur le sort de son petit enfant. Elle ne craignait plus depuis la mort de son mari que son fils, malgré sa grande jeunesse, ne pût s'orienter dans le pays des bienheureux. Le père qui avait toujours été pour son enfant tendrement affectueux prendrait encore soin de lui dans l'au-delà. Elle-même

(1) R. Dodge, *Die Indianer des fernen Westens*, Vienne, Leipzig 1884, p. 114.
(2) R. C. Mayne, *Four Years in British Columbia and Vancouver Islands*, Londres, 1862, p. 283.
(3) Loskiel, *Geschichte der Mission der evangelischen Brueder in Nordamerika*, Barby, 1789, p. 156.
(4) A. Krause, *loc. cit.*, t. I, p. 228.

avouait n'avoir pas de plus grand désir que de se réunir bientôt à tous les deux (1). A la mort d'un chef des Natchez, on étranglait non seulement ses fidèles compagnons, mais encore ses épouses. Les femmes qui étaient revêtues de la dignité suprême ou qui descendaient du sang des soleils ou des principaux chefs étaient honorées par le sacrifice de quelques âmes qui devaient les accompagner (2).

Chateaubriand (3) rapporte qu'à la mort d'une femme, chef de tribu, on étrangla, outre son mari, dix enfants, dont les cadavres étaient portés en procession solennelle par les parents. De plus, sur son tombeau on immola quatorze Alluez, jeunes gens de la garde du corps. Mais parfois le nombre de ces victimes montait jusqu'à cent, dont quelques-unes avaient déjà depuis un an demandé l'honneur d'accompagner les âmes dans l'autre monde. Dans la Floride, les serviteurs et les esclaves favoris devaient suivre leurs Parausti ou chefs dans la mort (4).

Bægert, dont sir John Lubbock cite le témoignage, ose bien dire qu'il n'y a pas une ombre de religion chez les Californiens ; mais les rapports de ce savant lui-même nous fournissent une preuve péremptoire du contraire. Les anciens Californiens croyaient en effet à une survivance et à un revoir dans l'autre monde. Un jeune garçon qui pleurait la mort d'un missionnaire, son père nourricier, tué par des bandits, eut la tête tranchée par un des assassins qui lui dit : « Va donc tenir compagnie et rendre service dans l'autre monde à celui dont tu pleures la mort (5) ! » Les Californiens n'avaient pas encore entendu parler de l'Évangile, écrit le missionnaire Bonani (6), et déjà au sein de leur paganisme aveugle ils croyaient à l'immortalité de l'âme. Ils avaient également quelques notions sur le

(1) KAFVER, *Reise durch Nordamerika*, Hambourg, 1780, p. 337.
(2) BAUMGARTEN (Lafitau), *loc. cit.*, t. I, p. 467.
(3) CHATEAUBRIAND, *Voyage en Amérique*, Bruxelles, 1884, t. II, p. 106.
(4) *Allg. Historie der Reïsen*. t. XVI, p. 507.
(5) BÆGERT, *Nachrichten von Kalifornien*, Mannheim, 1772, p. 168. et s., 274.
(6) STOECKLEIN, *Der Neue Welt-Bote*, Augsbourg, 1726, t. I, P. VII, p. 72.

ciel, sur l'enfer et sur un être supérieur, placé au-dessus de toutes choses. Les Californiens indolents ne plaçaient pas le lieu du bonheur dans les heureux pays de chasse, mais dans un paradis correspondant à leur climat embaumé, où l'on jouit de joyeux plaisirs.

Dans les conceptions de plusieurs tribus indiennes sur l'au-delà, il n'y a pas une division bien précise en lieu de béatitude et lieu de damnation ; néanmoins on y distingue toujours les deux états.

Ne semble-t-il pas qu'il existe chez les tribus où la vie bienheureuse est représentée sous la forme d'une société avec le grand esprit, considéré comme le Dieu du ciel, une croyance à une espèce de sanction pour la vie terrestre. Il est vrai que les guerriers et les chefs courageux occupent toujours la première place parmi les élus. Plusieurs tribus voient dans le ciel austral le Walhalla des peaux-rouges et dans la voie lactée le chemin pour y parvenir (1). Les héros des tribus Apalaches placent leur demeure dans le soleil, de même les chefs des Natchez, tandis que les âmes de leurs sujets entrent dans des corps d'animaux. La conservation dans l'autre vie du rang occupé dans la société d'ici-bas, soit à cause de l'habileté corporelle ou de la distinction intellectuelle, rejette assurément au dernier plan l'idée de cette sanction morale. Mais que cette idée ait absolument fait défaut à la foi à l'immortalité des peuples du Nord, ainsi qu'on l'affirme souvent, cela est contredit par les témoignages de Lafitau, Catlin, etc... Les Tschippewyans redoutent le jugement qui doit suivre la mort. Les défunts montent dans une barque de pierre sur un vaste océan dans lequel se trouve l'île des bienheureux ; c'est là qu'ils doivent régler leurs comptes. « Les bons peuvent aborder dans l'île, mais les méchants, montés sur leur barque de pierre, s'enfoncent dans l'eau, leur tête seule émerge, et ils s'efforcent éternellement mais en vain d'atteindre l'île bénie (2). » L'âme pécheresse chez les Tschokta tombe

<hr>

(1) Schoolcraft, *loc. cit.*, t. IV, p. 240.
(2) K. Andree, *loc. cit.*, p. 165 et s.

dans un fleuve rempli de poissons et de crapauds morts, là elle ne voit jamais le soleil et elle souffre tous les maux imaginables (1). D'après la croyance des Pieds-Noirs, les âmes des défunts doivent gravir une montagne escarpée. « Sur le sommet de cette montagne, elles jouissent d'une vue sur une vaste plaine, qui offre le spectacle des tableaux les plus variés ; çà et là s'élèvent de belles tentes toutes neuves. Tandis que les âmes contemplent cette magnificence, les habitants de cet heureux pays viennent à leur rencontre avec des habits de peaux tout neufs et souhaitent la bienvenue à tous ceux qui ont fait le bien durant leur vie terrestre. Le méchant, au contraire, qui a souillé ses mains dans le sang de ses frères, est repoussé et précipité dans le vide du haut de cette cime escarpée. Les femmes coupables d'infanticide n'atteignent pas même le pied de cette montagne, elles s'entravent à des branches d'arbre, qui les empêchent d'avancer, et elles ne cessent d'errer dans le lieu où elles ont commis leur crime. Le fait suivant nous révèle les opinions des Iroquois. Une jeune fille consumée de chagrin avait mangé une plante vénéneuse et elle était bien résolue à ne prendre aucun contre-poison. Près de mourir, elle consolait sa sœur affligée. « Hélas ! soupirait celle-ci avec des larmes dans sa voix, tu veux donc qu'il en soit ainsi, tu veux que nous ne nous revoyions pas, que nous ne nous retrouvions jamais ! » A ce moment-là même un missionnaire entre et lui demande pourquoi elle désespère ainsi de revoir sa sœur, puisque d'après leur croyance tous les hommes vont dans le royaume des âmes pour y retrouver leurs parents et leurs ancêtres. Celle-ci répondit : « C'est vrai, nous allons tous dans le royaume des âmes, mais les méchants et en particulier les suicidés emportent avec eux leur crime, pour qu'il soit lui-même leur châtiment. Ils sont séparés des autres et n'ont plus de rapport avec eux, c'est là l'unique cause de ma tristesse (2). »

(1) RATZEL, *loc. cit.*, t. II, p. 696.
(2) BAUMGARTEN (Lafitau), *loc. cit.*, t. I, p. 187.

12. — Peuples
du Mexique, de l'Amérique centrale
et des Indes occidentales.

Ces conceptions de l'immortalité chez les Indiens de l'Amérique du Nord se rapprochent sous maints rapports de celles des nombreuses tribus qui habitaient autrefois le Mexique, l'Amérique centrale et les Indes occidentales.

Par suite de nombreuses migrations dans l'ancien Mexique, les conceptions religieuses de ses habitants présentent un mélange extraordinaire d'idées grossières et d'idées élevées. Les distinctions d'origine et de fortune qui existent ici-bas jouent aussi un rôle important dans l'autre vie. D'après les Tlascalans, qui appartenaient aux plus anciennes peuplades du Mexique, les âmes des princes sont transformées en nuages, en magnifiques oiseaux ou en pierres précieuses, celles du peuple au contraire en rats, scarabées ou misérables vers de terre. Les guerriers tombés sur le champ de bataille et les négociants morts en voyage vont dans la demeure orientale du soleil, c'est-à-dire dans le ciel oriental, d'où ils partent au son de la musique et au cliquetis retentissant des armes, au milieu des danses et des amusements, pour accompagner le soleil jusqu'à son coucher et le ramener ensuite vers l'orient à travers le royaume du monde souterrain. Tous les quatre ans ces âmes sont aussi changées, quelques-unes en nuées, d'autres en colibris et peuvent sous cette forme revenir sur la terre pour chanter et aspirer le suc des fleurs. Les enfants immolés à Tlalok, qui n'a qu'un œil, le dieu de la pluie et de la fécondité, sont placés dans son paradis de nuages. Là se trouvent aussi dans un état d'heureuse oisiveté les âmes de ceux qui ont été tués par le tonnerre, qui se sont noyés ou qui sont morts d'hydropisie ou de lèpre. Les âmes des autres hommes émigrent dans le royaume des morts (Miktlan), mais le voyage jusque-là est long et périlleux : aussi a-t-on soin de pourvoir le défunt de différents moyens de protection. Le prêtre lui arrose la tête avec de l'eau et dépose sur son corps un certain nombre de papiers qui doivent lui servir de passeport aux endroits dangereux de la route. « Avec le premier papier, dit-il, tu pourras gravir les montagnes ; avec le second, tu pourras éviter le grand serpent ; avec le troisième, tu mettras en fuite le crocodile vert ; avec le quatrième, tu pourras traverser les huit grands déserts et les huit collines escarpées. » Après cela on donne au mort l'instrument spécial à sa condition : au guerrier, sa hache d'armes ; au cultivateur, sa pioche ; à la femme, son fuseau, son balai et un manteau pour la garantir du vent, de la neige et des intempéries. Enfin on tue un chien de couleur rouge et on l'enterre à côté du mort afin qu'il le conduise sûrement à travers les neuf fleuves. Les hommes du peuple étaient mis en terre, tandis que les princes et les rois étaient brûlés au milieu de cruautés sanguinaires et de grandes solennités. Aussitôt que le feu avait commencé à consumer le cadavre du maître avec toutes les choses précieuses qu'on avait mises à ses côtés, on faisait avancer les femmes et les esclaves destinés à l'accompagner (chaque noble devait en offrir au moins une dizaine) et on les exhortait vivement à servir leur. maître dans l'au-delà aussi fidèlement qu'ils l'avaient fait dans ce monde. Ensuite on les immolait chacun à son tour sur une pierre destinée au sacrifice, on leur arrachait le cœur et on le jetait dans les flammes. A l'incinération de Nezahnalpillos, le dernier roi de Tez-Kuko, 100 femmes et 200 esclaves furent immolés ; cinq jours après l'on offrit encore un dernier sacrifice de 20 autres esclaves (1). Nulle part peut-être on n'a versé plus de sang humain en l'honneur du dieu de la guerre et des mânes des guerriers que dans le royaume des belliqueux Astèques, dont les prêtres portaient une espèce de chasuble faite de peau humaine. La civilisation, qu'ils ont héritée des Tolkètes, ne les a pas empêchés de conserver dans leur nouvelle patrie les coutumes barbares qu'ils avaient rapportées de leur séjour dans le nord et qu'ils avaient

(1) DE NADAILLAC, *Die ersten Menschen*. Stuttgard, 1884, p. 240 et ss.

trouvées en arrivant chez les peuples les plus anciens du Mexique. L'horrible coutume de faire accompagner l'âme des morts par les âmes d'esclaves immolés régnait aussi dans l'Amérique centrale, par exemple dans la province Vera-Paz, à Costa-Rica, à Haïti, où les femmes préférées d'un cacique défunt devaient le suivre dans la mort, si elles ne voulaient pas faire planer de mauvais soupçons sur leur affection et leur fidélité conjugale (1). La coutume de ces pays de s'ouvrir les veines ou de se faire flageller sur les tombeaux, comme aussi l'usage reçu chez quelques tribus de faire reposer la veuve un certain temps à côté de son mari dans le tombeau ou sur le bûcher, sont peut-être de vieux restes de ces coutumes sauvages, qu'avaient mises en honneur ces fausses conceptions de l'au-delà.

13. — Les indigènes de l'Amérique du Sud.

Les conceptions de l'au-delà chez les peuples de l'Amérique du Sud présentent des caractères assez semblables. Les Caraïbes, dont le nom servira toujours à désigner les pires cannibales, pensaient que les âmes ne peuvent arriver dans le royaume des morts, avant que les os ne soient complètement dépouillés de toute chair (2). Les âmes des braves goûtent toute espèce de joies dans l'île du bonheur, celles des lâches et des ennemis tués doivent leur servir d'esclaves, errer çà et là comme des fantômes et des lutins, causant des dommages partout où ils peuvent et comme ils peuvent. Là où régnait le culte du soleil, on croyait que l'âme des bons entrait dans la maison du soleil ou bien se transformait en une étoile, et celle des méchants dans des corps d'animaux. D'après une croyance très répandue, chaque homme possède deux âmes, celle de la tête et celle du cœur : celle-ci est bonne et est reçue après la mort dans la maison du soleil, celle-là au contraire

(1) WAITZ, *loc. cit.*, t. IV, p. 227, 334.
(2) BAUMGARTEN (Lafitau), *loc. cit.*, t. I, p. 484.

est mauvaise et est enfermée dans un corps d'animal,
de sorte que tout homme est nécessairement et à la fois
au nombre des élus et au nombre des réprouvés. Les
sacrifices humains sur les tombeaux étaient aussi en
usage chez les Caraïbes (1).

Les Tamanaques, qui habitent l'Orénoque supérieur,
possèdent une légende, d'après laquelle la mort est
entrée dans le monde par l'incrédulité d'une femme. Le
grand esprit qui avait longtemps vécu avec eux leur dit
en les quittant : « Dans quelque temps vous changerez
de peau ! » Or, comme une vieille femme ne voulut pas
ajouter foi à ces paroles, qui, selon les Tamanaques,
étaient une promesse de l'immortalité du corps, le grand
esprit s'écria : « Vous mourrez. » Chez les sauvages
Arekunas de la Guyane anglaise, parmi lesquels
Appun a passé de nombreuses années, la foi à une résurrection était si profonde qu'en 1846, sur les conseils
du rusé et ambitieux magicien Praï Awakaipu, quatre
cents hommes s'entr'égorgèrent dans l'espoir de revenir
dans leurs familles avec la couleur blanche au jour de
la prochaine pleine lune, pour vivre ensuite comme des
Européens et dominer ainsi sur les Peaux-Rouges (2).
Par une coïncidence étrange, huit ans auparavant, un
Brésilien, nommé Joao Pereira, dans l'intention de fonder un nouveau royaume, avait eu l'idée de séduire par
de semblables promesses la foule crédule et de l'exciter
à se donner volontairement la mort : aussi les hommes
livrèrent-ils leurs propres enfants à cet homme sangui-
naire pour les faire égorger (3).

De curieuses réminiscences du fait révélé, que le péché
a causé la mort, se retrouvent également chez les popu-
lations primitives du Brésil.

Les Guarani, que le missionnaire Dobrizhoffer appelle
d'affamés anthropophages, conservaient le souvenir
que Tamoï, leur dieu et leur grand-père, « l'ancien du
ciel », avait quitté leurs ancêtres, après leur avoir ensei-

(1) Waitz, *loc. cit.*, t. II, p. 387 ; t. IV, p. 351, 366.
(2) C.-F. Appun, *Unter den Tropen*, Iéna, 1871, t. II, p. 229 et suivantes.
(3) C.-F. Appun, *loc. cit.*, t. II, p. 596.

gné l'agriculture, en leur promettant qu'il les conduirait un jour dans une autre vie où ils reverraient
leurs frères et trouveraient du gibier en abondance.
Les tribus brésiliennes ne nous manifestent pas leur
opinion sur la rémunération future aussi clairement
que les Chiriguas. D'après l'affirmation de Saëns (1),
ces derniers croient « qu'un être supérieur, créateur
de toutes choses, récompensera les bonnes actions et
punira les mauvaises. Les Messayas parlent de deux
sphères : la sphère supérieure est diaphane et la sphère
inférieure, sombre et obscure. Dans la première habite
la divinité, dans la seconde vivent et meurent les
hommes qui après leur mort sont punis où récompensés (2) ».

En général, nos missionnaires et nos explorateurs
s'expriment en termes peu favorables sur les peuplades
du Brésil, les habitants des Pampas et les autres tribus
de l'Amérique du Sud au point de vue religieux. José de
Léry (3) ne peut croire « qu'il y ait quelque part sur la
terre un peuple plus éloigné de la religion », mais il
ajoute : « Pour montrer cependant combien de traits
lumineux m'ont frappé au milieu de ces épaisses
ténèbres, je dois dire que non seulement ils croient à
l'immortalité de l'âme, mais encore qu'ils sont convaincus que les âmes des défunts vertueux (il est vrai qu'ils
donnent de la vertu cette définition étrange : *Se venger
des ennemis et en tuer beaucoup*) s'envolent derrière les
plus hautes montagnes, vont rejoindre les âmes de leurs
pères et de leurs ancêtres et mènent en ce lieu une
joyeuse vie dans des jardins très agréables au milieu de
danses et de plaisirs sans fin, que les âmes des méchants
au contraire, qui n'ont eu nul souci de défendre la patrie et ont vécu sans gloire, sont prises par le Aynan
(tel est le nom de l'esprit mauvais) et doivent vivre avec
lui dans des tourments éternels. » Probablement le
Aynan ou Anhanga des Tupinambas est le même que

____

(1) RATZEL, *loc. cit.*, t. II, p. 695.
(2) Damian v. SCHUETZ-HOLZHAUSEN, *Der Amazonas*, Fribourg,
1883, p. 174.
(3) José DE LÉRY, *Reise in Brasilien*, Munster, 1794, p. 266.

l'ennemi mauvais des Botokudes ; ce démon déterre les morts, s'il ne trouve pas du feu sur leur tombeau ; aussi, pour le chasser, entretient-on durant quelques jours un feu de chaque côté du tombeau. Comme les Canadiens, les Caraïbes, les Chilènes, les Hottentots et d'autres peuples, plusieurs Botokudes ont coutume de donner au cadavre dans la tombe une position accroupie, pour signifier que dans le sein de la terre il se prépare et se mûrit pour la naissance à une nouvelle vie (1). Les Kamakans ou Mugoyos, comme ils s'appellent eux-mêmes, déifient leurs morts et leur font prendre part au gouvernement du monde. Ils craignent aussi que ceux qui ont été maltraités sur la terre reviennent sous la forme d'*onces* pour se venger de ceux qui les ont offensés ; pour les calmer, on leur met dans le tombeau des provisions, des ustensiles et des armes (2). Au contraire, ils ont confiance dans leurs parents et leurs amis défunts, au point qu'ils les invoquent dans les malheurs et les dangers. Les Coroados sur le point d'entrer en campagne contre les Puris évoquent l'âme d'un de leurs ennemis pour l'obliger à trahir les siens (3).

La demeure des bienheureux, soit qu'on l'imagine comme une partie spéciale du royaume général des ombres ou comme un séjour tout à fait distinct, nous est sans doute toujours dépeinte sous de brillantes couleurs et ornée de charmes et de délices, mais le voyage pour arriver à ce paradis est généralement représenté comme pénible et dangereux. Les Araucaniens du Chili craignaient le grand fleuve du monde souterrain sur lequel une vieille femme, sous la forme d'une baleine, conduit les âmes des morts. Une autre vieille apparaît pour réclamer un droit de péage ; celui qui ne veut pas ou n'est pas en état de payer, doit subir l'enlèvement d'un œil (4).

(1) Maximilian PRINZ ZU WIED-NEUWIED, *Reise nach Brasilien*, Francfort, 1820, t. II, p. 57 et s.
(2) M. PRINZ ZU WIED-NEUWIED, *loc. cit.*, t. II, p. 222 et s.
(3) W. C. v. ESCHWEGE, *Journal von Brasilien*, Weimar, 1818, n° 1, p. 131.
(4) E. RENEL SMITH, *The Auracanians*, New-York, 1855, p. 274.

Les habitants du Pérou qui précédèrent les Incas traitaient encore avec plus de cruauté leurs prisonniers de guerre et, sous la domination de ces derniers, on versa beaucoup de sang humain sur les tombeaux. Les femmes préférées du maître défunt et les esclaves attachés à sa personne se vouaient volontairement à la mort et se faisaient enterrer vivants, parce que leur désir le plus ardent était de servir encore leur maître dans l'autre monde (1). S'appuyant sur des documents très anciens, Prescott rapporte qu'à la mort de l'Inca Heyna Capak, on immola plus de 1.000 hommes. Les veuves des patriciens avaient le même sort et elles s'y soumettaient volontiers, parce qu'un refus aurait été considéré comme un adultère. Dans la suite on se contenta de mettre dans le tombeau des figures de bois, représentant des hommes et des femmes, comme symboles des âmes qui devaient accompagner le défunt. Les Mayorunas, les Cashibos et d'autres tribus de la vallée de l'Amazone mangent leurs vieillards. Aussitôt qu'on a signifié au vieillard que son dernier jour est venu, il donne des signes de joie et dit qu'il va bientôt revoir ses anciens amis. Alors on donne une grande fête. Toutes les tribus des Amazones croient à une autre vie après la mort, plusieurs même à une migration des âmes (2).

Dom Félix d'Azara, un des principaux témoins de sir John Lubbock, a tracé des peuplades sud-américaines une carte indiquant quelles sont celles qui nient Dieu et l'immortalité, mais il l'a faite avec tant de légèreté qu'il se donne un démenti à lui-même par ses propres témoignages (3). Entr'autres négateurs de Dieu et de l'immortalité il cite les Abipons du Paraguay, mais le missionnaire Martin Dobrizhoffer, qui a vécu sept ans parmi eux, affirme au contraire qu'ils croient à un être supérieur et à une autre vie. Ils manifestent un respect touchant pour les restes mortels de leurs

____

(1) F. DE XEREZ, *Geschichte der Entdeckung und Eroberung Perus*, Stuttgard, 1843, p. 168.
(2) Damian v. SCHUETZ-HOLZHAUSEN, *loc. cit.*, p. 155-162.
(3) W. SCHNEIDER, *Die Naturvoelker*, t. II, p. 383 et ss.

défunts ; ils leur font des funérailles on ne peut plus solennelles et leur deuil est l'occasion de fortes dépenses. Ils ont surtout à cœur de préparer pour les restes de leurs parents un champ de repos commun, qu'ils marquent à l'aide de branches plantées en terre. On n'ensevelit jamais en terre étrangère ceux qui sont tués à la chasse ou à la guerre, mais on les transporte toujours au pays natal, bien que parfois il faille faire des centaines de milles. Pour eux, c'est un outrage des plus grossiers que de prononcer le nom du défunt ; aussi n'est-il pas rare de voir beaucoup de familles qui, après la mort d'un de leurs membres, prennent un autre nom. En général cependant, c'est la seule peur des fantômes qui est la cause de cette singulière habitude. Les Abipons attribuent aux magiciens le pouvoir d'évoquer les âmes des défunts et d'apprendre d'elles l'avenir. Aussi après leur mort les honore-t-on comme des demi-dieux et emporte-t-on leurs ossements comme des reliques à la chasse et à la guerre. Ils regardent les météores enflammés comme un indice de la mort de quelque prêtre magicien. Les petits canards (Ruilili), qui volent en bandes pendant la nuit et poussent des cris plaintifs, passent eux-mêmes pour être des âmes d'ancêtres incorporées dans ces animaux et on les appelle pour ce motif Mehelenkachie (esprits, ombres, fantômes). Puisque l'âme après la mort conserve tous ses besoins et tous ses désirs, on lui fait de riches présents (1). Les Guaykuri offraient même aux funérailles des personnages éminents des sacrifices sanglants, tels que nous les avons rencontrés chez plusieurs autres peuples ; d'ailleurs chaque fois il y avait des âmes qui se dévouaient volontiers, pour accompagner le mort, et leur nombre variait suivant le rang du défunt (2).

D'après les Patagons, les âmes des morts habitent dans des tentes souterraines aux tables richement servies. Les âmes des magiciens entrent dans la société

(1) M. DOBRIZHOFFER, *Geschichte der Abiponer*, Vienne, 1783, t. II p. 96, 99, 352 et ss.

(2) F. DE CHARLEVOIX, *Geschichte von Paraguay*, traduit du français, 3ᵉ édit., Vienne, 1835, t. I, p. 93.

des esprits malins qui habitent certaines forêts, certains
fleuves et spécialement dans les rochers aux formes
fantastiques. Les chefs de tribu et les favoris des dieux
s'en vont dans les étoiles ; la voie lactée est le sentier
dans lequel ils se livrent à la chasse aux autruches (1).

Oscar Peschel (2) a écrit : « Les vrais monstres de
l'humanité sont, de l'avis de tous les navigateurs, les habitants du détroit de Magellan, terre toujours également
froide et humide. » Il désigne par là cette race d'hommes
située à l'extrémité méridionale du Nouveau Monde que
Bougainville appelait Pescheraëk, nom que Charles
Darwin et Morton changèrent en Fuégiens (habitants
de la Terre de Feu). En fait, nous voyons tous les explorateurs, tant anciens que modernes, rivaliser d'efforts
pour retrancher autant que possible de l'humanité les
Esquimaux du Sud et les rejeter dans le règne pure-
ment animal. Wallis (3) estime les Fuégiens les êtres
les plus inférieurs et les plus dignes de pitié parmi tous
les êtres humains ; Cook (4) les appelle les balayures
de la nature humaine. « Si l'on regarde de tels hommes,
écrit Charles Darwin (5), on peut à peine croire que ce
sont des créatures comme nous et des habitants du
même monde. » D'autres observateurs ont osé avancer
que la façon de vivre des Pescheraëk n'était pas de
beaucoup supérieure à celle de l'orang-outang et du
castor. Dans toutes ces descriptions, il est facile de voir
un reflet des impressions de dégoût que l'extérieur de
ces sauvages, particulièrement la parure de leur tête et
la peinture horrible de leur visage, leur manière de
manger et leur rauque gloussement dans le langage
avaient produites sur les voyageurs. En réalité, les
Pescheraëk sont bien loin de ressembler aux animaux,

---

(1) DOBRIZHOFFER, *loc. cit.*, t. II, p. 98. — G. Chr. MUSTERS, *Unter
der Patagoniern*, Iéna, 1877, p. 194.
(2) Oscar PESCHEL, *Voelkerkunde*, 5ᵉ éd., von Kirchhoff, Leipzig,
1881, p. 147.
(3) WALLIS, cité par HAWKESWORTH, *Gesch. der neuesten Reisen
um die Welt*, Berlin, 1775, t. I, p. 230.
(4) COOK, cité par HAWKESWORTH, *loc. cit.*, t. II, p. 305.
(5) Ch. DARWIN, *Reise eines Naturforschers um die Welt*, Stuttg.,
1875, p. 244.

comme ils le paraissaient d'abord à des observateurs
superficiels et seul un ethnologue complaisant pour les
négateurs de l'immortalité et trop facile en fait de cri-
tique, peut les considérer comme un peuple sans religion (1). Nous avons constaté avec joie que Frédéric
Ratzel avait récemment protesté contre cette appré-
ciation hâtive. Il rappelle ce fait particulièrement
suggestif, que les Fuégiens ont des usages funèbres
qui concordent d'une manière étonnante avec ceux des
autres sauvages d'Amérique et que malgré leur pau-
vreté, ils les observent avec autant de soins que les
peuplades plus riches. On trouve chez eux la coutume
d'ensevelir les corps et de les enrouler dans des bande-
lettes à la façon des momies, de sorte que le corps,
quand il est déposé en terre, est souvent mieux habillé
qu'il ne l'a jamais été pendant la vie. Les Fuégiens
croient que les âmes des défunts habitent dans les
forêts ; chaque cri d'oiseau, chaque craquement dans
les glaciers, tout bruit inexpliqué est pour eux un
appel des esprits (2). Mais jusqu'où va leur pensée au
sujet de la vie future, cette question n'a pu être jusqu'à
ce jour suffisamment élucidée.

Toutefois, nous devons noter en passant que même
les tribus les plus sauvages et les peuplades les plus
dégénérées ont conservé l'espérance d'une vie meilleure ; c'est là un des phénomènes les plus consolants
que l'ethnologie nous présente.

Sans doute, les races livrées à elles-mêmes et, par
conséquent abandonnées, se tiennent avec leurs espérances et leurs conceptions de l'autre vie dans une
sphère si basse, que même dans le cas où ces espérances
se réaliseraient, elles n'atteindraient pas dans ce monde
meilleur l'idéal de Rousseau au sujet de l'état de nature
primitive pure. Faut-il cependant médire de leur espérance et de leur attente à cause de la forme grossière
qu'elles revêtent ? Faut-il s'en moquer ? Point du tout,
car dans cet accord unanime de ces conceptions naïve-

(1) W. Schneider, *loc. cit.*, t. II, p. 67-73.
(2) Ratzel, *loc. cit.*, t. II, p. 667 et s., 703.

ment enfantines et grossières, dans cet écho joyeux
que le mot de revoir trouve dans toute âme, on entend
quelque chose de ce que William Alger appelle « le cri
du réveil de la raison ». Sans doute, les fleurs que nous
avons cueillies au cours de cette étude dans le domaine
religieux ne sont que de rudimentaires cryptogames,
mais elles ne proviennent pas moins d'un germe pur
et de saines racines. Nos yeux n'ont perçu qu'un amas
de scories, mais à l'intérieur se tient caché l'or pur
de la vérité. Même pour le sauvage, la vie présente est
un point d'interrogation, auquel l'avenir seul peut donner une réponse ; il comprend, lui aussi, que ce serait
une injustice criante, que de réduire toute notre existence à la vie d'ici-bas ; une puissance irrésistible
l'élève vers l'au-delà, et sa conscience, à qui répugnent
les souffrances des bons et le triomphe des méchants,
réclame ou pressente une compensation suprême par
un juste jugement dans l'autre monde.

II

OBJECTIONS
CONTRE LE TÉMOIGNAGE DE L'HUMANITÉ
RELATIF A L'IMMORTALITÉ DE L'AME

1. — Le Nirwana des Bouddhistes.

Contre l'universalité de la foi à l'immortalité on
objecte d'abord qu'elle est rejetée par toute une école
de philosophes, à savoir la société religieuse des bouddhistes, qui compte plus de 400 millions d'adhérents.
Plusieurs savants cependant pensent que le bouddhisme
ne nie en aucune façon la survivance personnelle
après la mort ; ils tiennent pour assez invraisemblable
que tant de millions d'hommes soient tombés dans le
pessimisme et le nihilisme absolu. Ils disent à ce sujet
que la doctrine de la migration des âmes suppose ou
réclame la foi à l'immortalité et que sans elle on ne

saurait expliquer le renoncement au monde et à soi-même pratiqué par Bouddha et ses disciples. C'est pourquoi Frohschammer (1), se basant sur le témoignage d'hommes très versés dans la connaissance de la religion bouddhiste, croit pouvoir dire : « Le Nirwana est pour le bouddhisme la sphère divine du repos et du bonheur opposée à l'agitation incessante et effrénée du monde des phénomènes terrestres, c'est un domaine et un état où l'on jouit de la paix et où l'on est exempt de souffrances, par opposition aux douleurs, aux tourments et à la misère de l'existence d'ici-bas. » Et un savant hindou, Nis-Vianta Chattopadhyaya, a même le courage de dire que la vie parfaite est appelée par le Christ « royaume de Dieu », et par Bouddha « Nirwana », que c'est une même chose, un peu différente seulement par la forme extérieure. En attendant, ce savant hindou, en osant affirmer au grand étonnement de tous que la religion chrétienne et celle de Bouddha ont une même nature, a prouvé surtout son ignorance du Tripikaka, le livre sacré des bouddhistes (2). Il a plutôt puisé ses affirmations dans Fr. Strauss et Eugène Sue.

Les savants autorisés, tels que Burnouf, Barthélemy Saint-Hilaire, Koeppen, Max Mueller, Massiljew, v. Strauss et Torney, von Himpel, E. Hardy, Jos. Dahlman et d'autres enseignent unanimement que le « Nirwana », c'est l'extinction, la disparition, ou mieux le néant. La racine *wa* signifie souffler, respirer ; *nir* devant les verbes correspond à notre *ex, dis, ub* ; c'est pourquoi « Nirwana » veut dire « dissiper, expirer, s'évanouir, disparaître ». Cette opinion n'est pas contredite par la doctrine de la migration des âmes, puisque celle-ci en tant que période d'expiation et de purification doit précéder l'entrée de l'âme dans l'état du non-être. Il faut remarquer cependant que, dans l'évolution du Bouddhisme, le Nirwana, au sens de

(1) Joh. FROSCHAMMER, *Ueber die Genesis der Menschheit und deren geistige Entwicklung*, Munich, 1889, p. 273.
(2) B. v. STRAUSS UND TORNEY, *Essays sur allgemeinen Religions wissenschaft*. Heidelberg, 1879, p. 198-209.

Bouddha, a perdu la signification de « repos complet de la mort » et est devenu synonyme de « sensualisme ». Pour le peuple, c'est le paradis de Mahomet ; par conséquent, il ne faut pas mettre tous les bouddhistes au nombre des négateurs de l'immortalité. Sans doute, le Nirwana est dans l'autre sens une pauvre compensation du ciel chrétien dont il doit prendre la place dans la religion de l'avenir d'Edouard v. Hartmann (1).

2. — Prétendue négation de l'immortalité par les Juifs anciens.

Des exégètes libres penseurs affirment que même les Juifs dans l'Ancien Testament sont restés étrangers à toute espérance de l'immortalité. Il ne faudrait pas oublier cependant que même dans les écrits les plus anciens de la Bible, la mort n'est pas considérée comme un anéantissement de l'existence personnelle, mais comme « une réunion aux ancêtres dans le schéol ». Que cette formule exprime la foi à la survivance des âmes, cela ressort de ce qu'elle n'est employée ni pour le décès ni pour la sépulture (2). Le psalmiste (3) parle du repos des justes dans la mort, repos qui évidemment ne doit pas se restreindre au moment du décès, mais doit s'étendre à la survivance après la mort. Il espère la victoire sur la puissance de la mort, la délivrance des âmes pieuses qui seront tirées du schéol. Il a donc une certaine connaissance d'une rémunération et d'une béatitude dans l'au-delà. Les prophètes venus dans la suite (4) prêchent d'ailleurs la résurrection des morts. L'Ecclésiaste (5) enseigne que l'esprit revient à Dieu qui nous l'a donné. Sans doute il faut avouer que dans l'ancien temps la conscience de l'immortalité avait peu

---

(1) Ed. v. HATRMANN, *Die Selbstzersetzung des Christentums,* Berlin, 1874, p. 99 et ss.
(2) Léonh. ATZBERGER, *Die christliche Eschatologie in den Stadien ihrer Offenbarung im A. u. N. T.* Fribourg, 1890, p. 26.
(3) Ps. 49, 16 ; 15, 9 et ss. ; 16 ; 15, 48, 15 et s. ; 72, 24 et ss.
(4) ISAÏE, 25, 8 ; 26, 19. — DANIEL, 12, 1 et s.
(5) *Eccl.,* 12, 7.

de valeur au point de vue moral, puisque Moïse insiste particulièrement sur la rémunération terrestre et ne donne pas la moindre espérance d'une récompense dans l'au-delà. Il faut également accorder que dans l'Ancien Testament on n'avait pas une notion précise de la survivance de l'âme après la mort et on ne la démontrait pas explicitement par des preuves tirées de la nature même de l'âme. Cependant nous pouvons dire avec Rabbi Geiger (1) que la manière de parler de l'esprit de Dieu et de l'esprit de l'homme, telle que nous la remarquons à travers toutes les écritures, est un sûr garant de la foi du peuple juif à l'immortalité de l'âme.

3. — Justification des lacunes de l'Ancien Testament relativement à la doctrine de l'au-delà.

Les lacunes de la doctrine de l'Ancien Testament relativement à l'immortalité peuvent, considérées en elles-mêmes, paraître des défauts ; elles trouvent cependant leur explication dans la situation religieuse et historique qu'occupait Israël. Comme peuple de Dieu, les Juifs s'en rapportaient pour leurs pensées et leurs sentiments religieux à la révélation surnaturelle et ils n'éprouvaient pas le besoin, comme les peuples païens abandonnés à eux-mêmes, de se livrer au travail pénible de la pensée philosophique. C'est pour cela qu'ils n'arrivèrent que relativement fort tard à un concept clair de l'âme et de sa survivance. Celle-ci fut d'abord conçue comme une survivance assez imprécise dans le schéol, le triste royaume des morts qui se trouvait sous la terre ; pour une doctrine pure et parfaite touchant l'immortalité il manquait encore aux Juifs la vraie connaissance de l'âme. Mais ce défaut seul n'explique pas encore suffisamment que la foi à l'immortalité ait été traitée si grossièrement par les Ecrivains de l'Ancien Testament qui cependant avaient notoirement un concept surnaturel du monde et de la vie.

Où donc trouver la raison pour laquelle ces écrivains, avec les espérances qu'ils éveillaient et les récompenses qu'ils promettaient, n'ouvraient un horizon sur un au-delà meilleur que rarement et même alors le décrivaient sous une forme imprécise ? La raison se trouve dans le caractère particulier de la mission providentielle qui avait été assignée au peuple juif. Celui-ci devait être la figure et la préparation du royaume messianique et avait par conséquent son but immédiat dans le développement terrestre. Ainsi l'espérance de l'immortalité s'effaça pour quelque temps devant l'attente du Messie. La promesse formellement garantie et continuellement renouvelée que Dieu lui-même voulait fonder par ses envoyés son royaume sur la terre donnait à l'Israélite fidèle une satisfaction telle qu'il ne lui était guère loisible de penser au royaume du ciel dans l'au-delà et qu'il plaça même, plus tard, le salut messianique au premier plan. Cette limitation des espérances des Juifs au royaume terrestre de Dieu était dès l'origine aussi inévitable qu'inoffensive. Il faut même reconnaître qu'elle était très salutaire, puisqu'elle unissait tous les efforts et tous les soins du peuple israélite sur la seule chose qui fût d'abord nécessaire, à savoir la formation du vrai peuple de Dieu au sein du monde païen, qui avait oublié et abandonné le Créateur.

« Ce serait certainement faire preuve d'un esprit peu observateur et d'une connaissance très imparfaite de l'histoire, que de reprocher à Israël cette restriction à l'en-deçà comme une infériorité par rapport aux religions païennes qui, à l'instar de la religion égyptienne, croyaient à l'immortalité (1). » D'ailleurs la réalisation parfaite du nouveau royaume de Dieu, dans lequel le péché avec toutes ses suites devait être anéanti, était incompatible avec la domination de la mort et du schéol.

(1) O. Pfleiderer, *Die Religion, ihr Wesen und ihre Geschichte,* Leipzig, 1879, t. II, p. 306. Cf. Vigouroux, *La Bible et les découvertes modernes,* t. III, p. 87 *et ss.*

4. — Influence de la philosophie grecque.

Tandis que les écrivains et les prophètes des premiers temps n'avaient qu'à défendre la notion pure et vraie de la divinité contre l'idolâtrie païenne, ceux qui vinrent dans la suite eurent un autre devoir à remplir. En Egypte, comme en Palestine, le Judaïsme fut infecté par le matérialisme de l'école des philosophes épicuriens, qui trouva dans les Sadducéens des partisans zélés et influents. C'est pourquoi dans les auteurs de cette époque, dans le livre de Sirac et particulièrement dans le deuxième livre des Machabées et dans le livre de la Sagesse, la foi à l'immortalité ressort davantage. Elle n'est plus aussi obscure et imprécise, mais elle s'est enrichie d'idées philosophiques, ce qui prouve évidemment l'influence que la philosophie grecque avait déjà exercée sur la vie intellectuelle du peuple juif.

Ce qu'il y a de particulièrement remarquable, c'est la connexion entre la résurrection du corps et l'immortalité de l'âme. Puisque pour eux l'homme formait un tout, ils pouvaient, en supposant que la mort n'est pas une destruction totale, considérer la séparation de l'âme et du corps uniquement comme un état passager qui devait cesser avec la résurrection de ce dernier. Cette opinion avait son origine dans la croyance que Dieu n'avait pas voulu primitivement la mort, mais qu'il l'avait infligée temporairement à l'homme à cause de son péché. C'est pourquoi l'idée de l'immortalité et l'idée de la résurrection s'appellent l'une l'autre, subsistent et disparaissent ensemble. Le Sauveur lui-même autorise cette manière de voir, puisqu'il répond par une preuve de l'immortalité de l'âme aux Sadducéens qui niaient la résurrection des corps (1); et l'apôtre saint Paul (2) n'agit pas autrement avec les turbulents de la communauté de Corinthe.

(1) Matth., xxii, 32.
(2) I Cor., xv, 29.

A mesure que grandissait l'attente du Messie, la doctrine juive de l'au-delà prenait un plus puissant essor. Puisque, d'après eux, l'avènement du Messie devait être l'œuvre de la fin du monde, ils s'égaraient à la recherche du monde futur qu'ils se représentaient jusque dans les plus petits détails selon leurs désirs personnels. Ce travail, dans lequel naturellement l'imagination rêveuse jouait le principal rôle, convenait bien à l'âme mystique des Juifs et à leurs besoins politiques et sociaux. Cette conception trouvait un fondement dans les opinions grecques sur l'au-delà; on pensait même trouver une confirmation de celles-ci dans les Livres saints. Aussi des fragments considérables de la mythologie grecque furent-ils judaïsés ou simplement fondus en un seul système avec les opinions juives. Les apocryphes en renferment des preuves nombreuses. Quoique la doctrine des Juifs touchant les fins dernières n'ait pas échappé plus tard à l'influence des idées chrétiennes, cependant elle conserva longtemps un élément sensuel prédominant et les figures apocalyptiques, auxquelles les chrétiens attachaient un sens spirituel, furent prises par les Juifs au pied de la lettre. Il est resté ainsi dans l'esprit de nombreux chrétiens même de nos jours une conception de l'autre vie sous la forme la plus sensuelle, comme si l'humanité pouvait être guérie de son amour excessif des plaisirs du monde par l'espérance de plaisirs sensuels plus grands dans l'au-delà ou l'horreur des peines affreuses et dégoûtantes de l'enfer !

Un exemple effrayant de telles aberrations se trouve dans une vieille publication obscène traduite du latin en plusieurs langues (1). Dieu le Souverain Maître nous y apparaît, comme Ganymède, ceint d'un tablier blanc et servant à ses hôtes le *kanap*. Il n'y manque plus que les jeunes vierges « aux yeux noirs » du Coran et ce serait le ciel de Mahomet avec tous ses plaisirs grossiers et sensuels.

(1) Kehrein, *Kathol. Kirchenlieder*. Paderborn, 1860, t. II, p. 653 et ss.

5. — Les anciens Rabbins se représentent l'au-delà sous des formes sensibles.

Les Rabbins venus dans la suite se plurent à peindre des plus riches couleurs le monde de l'au-delà et à y faire revivre les appétits et les besoins de la terre. Plusieurs d'entre eux ont en cela rivalisé de zèle et d'exagération avec les docteurs de la religion de Mahomet. L'assemblée des âmes défuntes est représentée comme une société joyeuse de bons vivants ; Iavé est rabaissé au rôle de maître d'hôtel du Paradis. Le rabbin Jeoscha ben Lévi avait réussi à suivre l'ange de la mort et à se glisser dans le Paradis. Pendant sept ans il put considérer, avec la permission de Dieu, la manière de vivre et d'agir dans ce séjour : une véritable vie de paresseux. Tout ce que l'imagination des Orientaux peut inventer en fait de charmants paysages, de métaux précieux, de pierres brillantes, de plantes et de fruits magnifiques, d'étoffes et de robes splendides, est réuni dans les sept palais du Paradis (1). Les justes que la mort a séparés se trouvent dans un autre monde qui ne semble créé que pour le plaisir des yeux et de la chair.

Arrivons maintenant à notre époque civilisée ; est-ce que dans notre société, qui se dit encore chrétienne, nous ne trouvons pas beaucoup de gens qui nient l'immortalité. Il faut reconnaître cependant que leur nombre est petit en comparaison de ceux qui y croient. « Je voudrais, écrit Labruyère (2), trouver un homme sobre, tempérant, juste et chaste qui niât l'existence de Dieu et l'immortalité de l'âme ; celui-là au moins serait impartial, mais un tel homme ne se trouve pas. » « La raison est pure et sereine, mais du cœur vient la tempête qui l'obscurcit », dit Grabbe. Dans son opuscule : *Rêves d'un voyant d'esprits*, Kant prononce cette

<hr>

(1) Eisenmenger, *Entdecktes Judentum*, 1700, t. II, p. 295 et ss.
(2) Labruyère, cité par Hettinger. *Apologie*. 5ᵉ éd., Fribourg 1875, t. I, p. 123.

sentence : qu'il n'y a jamais eu au monde une âme
juste qui ait pu supporter cette pensée, que tout finit
avec la mort. Cicéron et d'autres penseurs de l'antiquité
païenne avaient déjà porté le même jugement.

6. — Opinions des plus célèbres philosophes modernes. — Valeur de leur témoignage.

Quelques auteurs ont affirmé, relativement à la survivance des âmes, que le doute n'est pas moins répandu
que la foi, et qu'il est le résultat naturel d'une pensée
profondément mûrie. Et si au lieu de compter les voix
on les pesait à leur juste valeur, pense Henri Ritter (1),
on pourrait bien trouver que la balance penche du côté
des négateurs. Mais quelles sont donc les voix qui
méritent d'être pesées ? Sans doute celles des savants
naturalistes parmi lesquels se trouve le plus grand
nombre de négateurs. Au reste il faut bien faire ressor-
tir que même parmi les naturalistes modernes de premier
ordre il s'en trouve un nombre très imposant qui croient
en Dieu et à l'éternité (2). La science naturelle d'ailleurs
comme telle, d'après le jugement même de Ritter (3), n'a
rien à voir dans cette question : « C'est bien celle qui a
le moins de droit d'être écoutée lorsqu'il s'agit de l'immortalité des êtres vivants. » Tous les motifs qu'elle
donne pour combattre la survivance de l'âme, Lu-
crèce (4) les avait déjà formulés. Ritter n'accorde un
droit de suffrage qu'aux philosophes, bien que les plus
sottes aberrations de l'esprit enregistrées dans l'histoire
sortirent de la bouche d'hommes qui se donnaient le nom
de philosophes. Il serait beaucoup plus juste de croire
sur ce point tout homme qui possède un jugement sain

----

(1) H. Ritter, *Unsterblichkeit*, 2ᵉ éd. Leipzig, 1866, p. 62.
(2) R. A. Kneller, *Das Christentum und die Vertreter der
neueren Naturwissenschaft*, 2ᵉ éd, Fribourg, 1904.
(3) H. Ritter, *loc. cit.*, p. 266.
(4) Lucr., *De natura rerum*, lib. III, v. 410-1001.

et qui mène une vie vraiment vertueuse. Dans une question morale, les sages du monde et les hommes intellectuels ne méritent aucune créance s'ils ne possèdent pas la vraie sagesse ou s'ils ne mènent pas une vie selon l'esprit.

Arrivons aux philosophes modernes ; peut-on dire que la plupart d'entre eux sont des négateurs de l'immortalité ? Précisément ceux qui sont encore le plus en honneur, Descartes, par exemple, ont non seulement manifesté leur foi à la survivance personnelle, mais ils ont en outre cherché à la démontrer scientifiquement. Que si l'on nous oppose les noms de Spinoza, Hegel et d'autres de moindre importance, nous pouvons répondre que les panthéistes qui ont nié la survivance personnelle n'ont pas renoncé à l'idée d'immortalité, mais que dans leurs essais pour la démontrer et l'embellir, ils l'ont mal comprise quand ils ne l'ont pas totalement dénaturée par leurs explications. Dans sa philosophie de la religion, Hegel a parlé de la subsistance de la personnalité en des termes tels que plusieurs de ses disciples notamment Goeschel (1) lui ont attribué la foi à l'immortalité impersonnelle. Ceux-là même qui faisaient disparaître l'esprit de l'homme en tant que phénomène particulier dans le sein du grand Tout, ne peuvent se défendre d'une espérance d'immortalité. Nous ne pouvons jamais, écrit Schelling (2), ainsi que nous essayons de le faire par la pensée, nous séparer de notre propre moi et nous ne sommes nullement en état de penser à notre non-être, sans nous représenter en même temps à notre pensée comme existants. Il ajoute que Spinoza s'est trompé en se croyant lui-même identique avec l'objet absolu et perdu dans son infini. Difficilement un esprit rêveur aurait pu se contenter de la pensée d'être englouti dans l'abîme de la divinité, s'il n'avait pas toujours replacé son propre moi à la place de la divinité.

<hr>

(1) Gœschel, *Von den Beweisen fuer die Unsterblichkeit der Seele*, Berlin, 1834, p. 263 et ss.
(2) Schelling, *Briefe fuer Dogmatismus und Kritizismus*, Œuvres, t. I, p. 317.

7. — La foi nouvelle aux esprits
est une manifestation
du besoin d'immortalité.

De nos jours, la puissance du besoin d'immortalité se manifeste même au milieu des tendances matérialistes par cette erreur à la fois grossière, ridicule et odieuse, aujourd'hui malheureusement si en honneur, à savoir la foi nouvelle aux esprits et l'évocation des esprits ou spiritisme.

La science orgueilleuse a enseigné l'homme à ne s'appuyer que sur lui-même pour atteindre le but de son existence et devenir heureux. Le concept matérialiste de la vie et l'éducation philosophique permettent ou recommandent la course sans repos après les richesses de la terre et les plaisirs des sens comme si les biens terrestres et les joies sensuelles pouvaient remplir l'existence. Cependant la logique du matérialisme pratique se trompa dans ses calculs, lorsque les citoyens cosmopolites, qui ne sont pas au nombre des « privilégiés » de la fortune, s'avancèrent en masses compactes et menaçantes et au nom des droits généraux de l'homme réclamèrent une « existence digne d'un homme » et demandèrent en conséquence aux « heureux du jour » la part qui leur revenait au banquet de la vie. C'est en vain que les privilégiés de ce monde essayèrent de se réclamer d'un droit de préférence ou droit d'aînesse et voulurent condamner la plus grande partie de l'humanité à la portion congrue, à la misère, aux privations et à la mort dans la lutte pour la vie. L'évangile du joyeux enfant du siècle, le matérialisme grossier et le socialisme, qui, au dire de Weilling, savait l'évangile du pauvre pécheur, fournirent un dogme nouveau dans l'organisation moderne de la société. Les observateurs et les chercheurs qui ne savent manier que la loupe et le scalpel, le compas et la balance, se drapèrent avec un sérieux solennel dans le manteau de la philosophie et exposèrent avec une

audace peu scientifique qu'il n'y avait point d'âme
immortelle puisqu'ils n'avaient pas réussi à la voir, à
la toucher, à la mesurer, à la peser. Quant à la philosophie épicurienne, elle trouva avec plaisir dans cette
élévation de la matière une justification de la jouissance
effrénée de la vie, délivrée de tout rapport avec Dieu
et l'au-delà.

Mais à l'ivresse d'un moment succéda bientôt un
long désenchantement. C'est ainsi que la vraie et pure
humanité, que l'on se vantait déjà d'avoir introduite
pour toujours, au moyen de l'éducation moderne, dans
la voie d'une évolution salutaire et conforme à la
nature, finit très souvent dans la bestialité, et que des
milliers de chercheurs du bonheur se sont misérable-
ment perdus. D'autres surprises étaient encore réservées
aux disciples d'Epicure : ces philosophes de la matière
avaient facilement réussi à détruire en beaucoup d'âmes
la foi en Dieu et à l'immortalité. Les philosophes de
l'inconscient eurent encore plus tôt fait de ridiculiser
l'espérance en la matière et en l'en-deçà. Une géné-
ration même profondément plongée dans le sensuel ne
peut vivre longtemps sans aucun rapport avec le
suprasensible, elle ne peut se contenter du fini. Pour
un instant seulement l'ivresse du plaisir peut nous
tromper sur le désert et le vide, sur le mécontentement
et le dégoût que l'incrédulité produit comme par une
nécessité de nature. Même au milieu des débordements
du matérialisme retentissent à travers les âges des
aveux dignes d'être retenus, à savoir « qu'il n'y a
qu'un petit nombre de penseurs cultivés qui puissent
se contenter des froides consolations de la doctrine
matérialiste (1). » Mais dans le peuple, les aspirations
et les besoins religieux ont poussé des racines plus
profondes que chez les esprits forts qui paraissent vivre
dans une sphère supérieure et qui se vantent de pouvoir
s'assurer la gloire de la pensée en rompant avec les
traditions religieuses et en raillant la foi du peuple.
Ceux qui crurent devoir à leurs remords ou aux exi-

____

(1) « Das Ausland. » 1875, p. 103.

gences de leur éducation de suivre dans le désert les apôtres de l'incrédulité éprouvèrent bientôt la sensation qu'il fallait y mourir faute du pain de l'intelligence. Des abstractions vides et de sèches théories, voilà ce qu'on pouvait imaginer de plus mauvais pour remplacer le pain de vie et le véritable évangile des pauvres. Les maigres produits de la vanité et de l'imagination humaines n'offrent pas même des miettes au cœur affamé. Les philosophes incrédules ou ennemis de la foi, dont la vie morale est encore plus pauvre que la doctrine, n'ont aucune intelligence des besoins de l'âme du peuple, en tout cas ils ne possèdent pas l'art de tirer d'un chaume aride des fruits qui puissent rassasier un cœur naturellement et toujours assoiffé de religion et de vie.

8. — On ne peut comparer l'accord unanime de la croyance à l'immortalité avec l'admission unanime de certains systèmes aujourd'hui reconnus faux.

Il ne faudrait pas objecter ici que le système mondial de Ptolémée fut généralement tenu pour vrai pendant longtemps, et que dans la suite il a été généralement abandonné comme faux. D'abord le fait, que le concept géométrique du monde s'est évanoui devant le concept héliocentrique, se présente sous un aspect tout différent. Car, en dépit de toutes les attaques et de toutes les railleries de la part des négateurs acerbes de l'immortalité, l'humanité dans son ensemble a toujours conservé cette croyance. D'ailleurs la doctrine de Ptolémée s'appuyait sur la perception des sens et avait pour elle l'apparence de la vérité, tandis que la foi à l'éternité est une connaissance de la raison, qui n'a pas pour elle l'apparence de la vérité, puisque non seulement la loi de la mort règne partout dans la nature, mais encore le corps humain est la proie de la corruption. Stigmatiser comme une erreur l'espérance

d'une survivance après la mort, c'est accuser la raison
d'avoir fait banqueroute et croire que la plus grande
partie du genre humain est atteinte de maladie mentale,
heureuse maladie sans doute, puisqu'elle a pour la vie
sociale et privée les conséquences les plus heureuses.

On a essayé encore d'amoindrir la force probante de
la conscience universelle de l'immortalité en disant
qu'elle est toujours venue de causes soit extérieures,
soit accidentelles.

9. — La foi à l'immortalité n'est pas un effet
du rêve.

On a prétendu récemment après quelques psychologues et ethnologues anglais que la pensée de survivance
après la mort était un effet du rêve. L'homme sauvage,
qui voit en rêve les morts faire ce qu'ils faisaient de
leur vivant, a pris dans sa naïve simplicité ces apparitions de morts pendant la nuit pour des réalités extérieures et c'est là qu'il a puisé cette idée, que les morts
n'ont pas cessé de vivre. Cette chère illusion, qui fut
naturellement partagée par un grand nombre, devint
bientôt une ferme conviction.

En face de cette prétention de vouloir résoudre, par
de nouvelles énigmes, l'énigme de l'universalité de la
foi à l'immortalité, on a bien le droit de prendre en
pitié la simplicité naïve de ces prétendus savants. Les
sauvages, en effet, voient dans leurs rêves non pas seulement des hommes morts, mais encore des kangourous,
des buffles, des rennes tués, etc. ; et cependant la foi à
la survivance des animaux dans l'au-delà ne se trouve
que très rarement. Elle compte peut-être plus de partisans parmi les hommes civilisés que parmi les sauvages. Les Itelmes du Kamtchatka étendent la résurrection de la chair jusqu'à la plus petite mouche, et les
insulaires de Viti pensent que non seulement les animaux seront un jour ressuscités, mais même les noix de
coco. Quelques théologiens anglais ont prétendu que
l'âme des animaux pouvait espérer, grâce à son immor-

talité, une nouvelle réunion avec son cadavre (1). Les psychologues qui ramènent à un rêve la foi à l'immortalité doivent aussi appliquer leur opinion au règne animal. Ils nous doivent en outre une explication de ce fait incompréhensible, à savoir : que le songe, qui, sitôt réveillés, nous apparaît toujours une illusion, a été cependant tenu pour vrai et a pu établir une conviction d'une universalité et d'une fermeté sans exemple. A tout esprit impartial s'impose une conclusion tout à fait opposée : la foi aux apparitions des morts suppose la pensée de l'immortalité ; c'est une preuve, mais non l'origine de cette croyance que les défunts, n'ayant pas cessé de vivre, peuvent apparaître aux vivants. Et si le désir de l'immortalité n'était pas inné dans l'âme, celle-ci n'aurait pas pu en avoir un pressentiment dans le rêve.

10. — La foi à l'immortalité n'est pas le résultat de l'éducation, ni une invention des prêtres ou des législateurs.

Non moins absurde est l'opinion, aujourd'hui plus rare, d'après laquelle la religion, comme la foi à l'immortalité, serait un résultat de l'éducation ou une invention des prêtres ou des législateurs.

Sans doute la prédication d'une sanction dans l'au-delà est un moyen très efficace pour éloigner les hommes du mal et les habituer à la discipline et aux bonnes mœurs. En effet, ainsi que nous l'avons déjà vu, la pensée de cette sanction est moins explicite chez les peuples sauvages qui se rapprochent le plus des origines de l'humanité que chez les peuples civilisés. Mais les sauvages vivent dans une crainte continuelle des morts ; ce qu'ils redoutent le plus, ce sont leurs chefs et les prêtres magiciens, parce que ceux-ci vivent

(1) Fr. Open Morris, *Records of animal sagacity and character,* Londres, 1861, Préface. — Egerton Smith, *The elysium of animals,* Londres, 1836.

dans un commerce intime avec le monde des esprits et en tirent la mauvaise médecine pour leurs maléfices. L'erreur, d'après laquelle les âmes des morts apparaissent à l'appel séduisant du magicien et se mettent à son service pour tourmenter les vivants et leur causer du dommage, est une exagération de la foi à l'immortalité, sans laquelle cependant elle n'aurait jamais pu voir le jour.

Les savants qui ne veulent pas croire à une aspiration innée de l'homme vers la vie éternelle et considèrent tous les nobles besoins et les efforts de l'esprit humain comme un effet du hasard ou un résultat de l'éducation ont coutume de représenter l'homme primitif comme un animal dénué de raison. Ils aiment aussi à représenter l'homme sauvage comme une créature qui ne sait pas encore philosopher et ne peut que faire travailler son imagination. Ils veulent, par conséquent, nous faire croire qu'un membre de cette humanité primitive, imaginée par Darwin, eut un jour la pensée étonnamment intelligente de soupçonner une âme immortelle dans son corps mortel. Si la raison ne se trouvait pas chez tout homme et ne s'imposait pas en quelque sorte à lui en vertu d'une impulsion naturelle et innée, qui la porte, dès son premier éveil, à la pensée de la survivance de l'âme, personne, à plus forte raison la généralité, n'aurait pu se donner le pressentiment de l'immortalité. Et supposé que ce pressentiment, malgré que l'œil ne voie autour de lui que mort et corruption, soit venu au cœur de quelqu'un, par quelle puissance de parole l'aurait-il communiqué et fait partager à tous les hommes ? Qui aurait eu la force et l'autorité de prêcher, à ses frères plongés dans les plaisirs des sens, une foi qui aurait donné désormais une autre direction à leurs pensées et à leurs efforts et qui aurait dominé toute leur vie ? Le prêcheur d'immortalité n'aurait pu avoir du succès que dans le cas où il aurait pu trouver sur les lèvres de ses auditeurs le grand mot d'*au-delà*. Ce mot n'aurait point trouvé d'écho dans leur cœur si déjà il n'y sommeillait point. Et supposé enfin que les hommes dans l'enfance de l'humanité aient été assez simples pour se laisser persuader de la pensée de l'immortalité, ils s'élevèrent dans la suite à un degré assez haut de civilisation et devinrent assez éclairés et assez forts pour rejeter cette erreur. Cependant les plus sages et les meilleurs se sont attachés avec une ténacité invincible à cette pensée comme à un précieux trésor et ils ont sacrifié pour elle tous les biens et toutes les jouissances de la vie, et jusqu'à la vie elle-même.

L'espérance de l'immortalité n'est pas venue de l'éducation, mais toute éducation a besoin de la foi à une vie éternelle, comme toute croissance dans la nature est conditionnée par la lumière du soleil. C'est sur cette foi que repose l'éducation. C'est là qu'elle puise toute sa force. Et de même que les plantes vénéneuses ont une croissance exubérante dans les lieux frais et ombragés, de même le germe empoisonné du penchant naturel au péché reçoit son plus grand développement de l'éducation, si elle n'est pas éclairée par les rayons lumineux du soleil de l'éternité. La conscience qu'il existe un esprit au-dessus du monde et une loi obligatoire pour tous, que cet esprit veille à l'observation de cette loi et qu'il nous attend à la fin de notre course comme juge et vengeur, pour nous récompenser ou nous punir éternellement, cette conscience est un puissant moyen d'éducation, un motif efficace et souvent le seul efficace de la morale.

11. — La foi à l'immortalité est un produit spontané de la nature humaine.

Comment donc a pu se former la foi à la survivance après la mort, et comment a-t-elle pu se perpétuer dans son universalité ? La meilleure raison de cette foi, c'est que l'humanité ne pouvait pas s'en passer :

> Tu as le sens de l'immortalité,
> Peux-tu nous en donner la raison ?
> Oui certes, la raison principale la voici :
> C'est que nous ne pouvons nous en passer.

(GŒTHE.)

Et nous ne pouvons nous en passer parce que la raison, qui répond au besoin inné et instinctif de la nature, nous y pousse toujours et partout, parce que cette foi est la dot originelle de notre âme, image et souffle de l'Eternel. L'âme sent en elle la nécessité de la subsistance et ce sentiment est pour elle une preuve de l'immortalité. Montaigne, Carus, Nicolas, Gœschel, Gumposch, Huber et beaucoup d'autres mettent cette preuve en évidence.

« Il faut que la foi à l'immortalité soit innée dans l'esprit de l'homme, écrit la célèbre femme de lettres Louise Hensel (1), et cela d'une manière si solide et si indestructible qu'elle ne puisse en être arrachée par aucune force et que ce soit la seule volonté pervertie des chrétiens et des Juifs qui puisse introduire la négation sur ce domaine comme sur tant d'autres. Il y a malheureusement en effet des hommes, et particulièrement de nos jours qui ne désirent pour eux aucune survivance parce qu'ils préfèrent vivre comme des animaux... Mais comment donc peut-on croire que l'âme humaine, si belle avec ses facultés, ses aspirations et ses énergies, pour ainsi dire infinies, n'ait été créée que pour un temps aussi court que l'est même la plus longue vie humaine ? Rien ne peut me le persuader. Pourquoi et dans quel but, en effet, aurions-nous de telles richesses dans l'âme ? Sans la survivance après cette courte vie et sans la responsabilité dans l'au-delà, tout ne serait ici-bas qu'une triste comédie et nous aurions à nous plaindre amèrement auprès de celui qui nous a créés de nous avoir tourmentés pour rien, car toutes les joies et tous les honneurs de la terre ne sont rien, puisqu'ils finissent si vite. Si l'âme humaine n'avait pas l'éternité, elle n'aurait plus aucun but. Depuis douze ans jusqu'à quatorze, ajoute Louise Hensel, j'ai terriblement souffert des obsessions du démon et des doutes perfides qu'il m'inspirait, alors que je n'avais jamais rien lu ni entendu de semblable... Mais je crois que même alors je n'ai jamais douté de l'immortalité de

____

(1) Louise HENSEL, *Briefe*, Paderborn, 1877, p. 230 et s.

l'âme. Qu'un esprit puisse cesser d'exister, cela m'a toujours paru une impossibilité inconcevable. » Wilhelm v. Humboldt ne parlait pas autrement (1).

Sans doute cette preuve tirée de la conscience universelle de l'immortalité n'a que le caractère d'une preuve médiate, néanmoins elle a une force aussi probante dans l'espèce que relativement à la nature de l'âme et aux perfections de la Divinité. Elle est basée, en effet, sur ce principe incontestable que tout ce qui se dégage de la nature d'un esprit humain droit et dénué d'artifices, c'est-à-dire d'après une impulsion spontanée et d'une façon universelle, invariable et énergique, doit être un fruit sain de notre nature et digne dès lors d'être accepté par la pensée philosophique la plus exigeante ; tout cela est aussi vrai que l'esprit même est de sa nature un esprit raisonnable. La conscience de l'immortalité s'élève naturellement du plus profond et du plus intime de notre âme. Elle apparaît sans artifices et sans raisonnement avec la force même de l'évidence. Elle s'échappe du sein de l'âme au premier souffle de l'esprit divin comme la nature, au premier souffle du printemps, couvre de fleurs et la plaine et les champs sans le secours du laboureur. Ainsi cette conscience est la propriété originelle et un héritage inaliénable de la nature raisonnable de l'homme. Cette foi est une étoile qui conduit l'âme altérée de saints désirs à la source du rafraîchissement ; c'est le viatique dans le voyage de la vie, le gardien de la conscience, le soutien de l'idée de Dieu ; elle est le premier mobile de la morale, le fondement d'une existence digne de l'homme. Sans elle il n'y a point de morale, point d'humanité, point d'ordre social vrai et durable.

Ainsi donc, du fait et de la nature de la foi universelle à l'immortalité, nous concluons à sa certitude et nous refusons de prêter l'oreille aux affirmations isolées des philosophes qui ne veulent pas tenir compte de la

____

(1) Wilh. v. Humboldt, *Briefe an eine Freundin*, 56. Brief. Leipzig. 1848, t. 11, p. 270.

croyance de tous les peuples et des instincts de l'âme humaine. Nous croyons plutôt à l'indestructibilité de l'esprit.

*
* *

Conclusion.

A la vue de toutes les erreurs et de toutes les atrocités que renferment les conceptions païennes de l'au-delà, le chrétien se sent pris d'un sentiment de pitié, mais il éprouve en même temps une joie débordante de posséder une notion vraie et convenable de cette vie future. Le matérialiste devrait tirer de là l'application pratique que Jean Paul, sur le tombeau de Herders, a suggérée aux négateurs de l'immortalité : « S'il n'y a pas d'immortalité, la vie n'est qu'un crépuscule à la tombée de la nuit, et non plus une aube matinale ; l'esprit, pourtant si élevé, s'en va, lui aussi, avec le corps dans le tombeau ; oh ! je ne sais pas pourquoi, devant la tombe de nos grands hommes nous ne faisons pas uniquement par désespoir ce que les sauvages et les anciens faisaient poussés par l'espérance ; je ne sais pas pourquoi nous ne nous jetons pas avec eux dans la tombe, comme ceux-là s'y jetaient avec leurs princes, afin d'étouffer d'un seul coup ce cœur insensé et tyrannique, qui veut toujours battre pour quelque chose de divin et d'immortel. »

Le positivisme se contente et en même temps se glorifie de la science expérimentale. Il doit cependant reconnaître le besoin de l'immortalité, qui a de si profondes racines dans l'âme, le pressentiment de la vie éternelle et le désir d'y arriver, qui se manifeste à la conscience avec le même caractère de réalité et la même certitude d'existence que les impressions des sens. Ces faits primordiaux de la vie intérieure de la conscience demandent d'une part un principe qui les explique et, de l'autre, permettent de tirer des conclusions certaines. Si le désir de l'immortalité est une illusion, on ne peut expliquer la persistance avec laquelle il s'affirme contrairement à toutes les autres illusions et résiste victorieusement aux plus rudes assauts. Il émane, par conséquent, de la nature de l'esprit humain qui se sent destiné à la vie éternelle et croit posséder la force d'y arriver. Cette conséquence finale est compatible même avec les principes de la pensée positiviste.

Pour le croyant, la nature visible peut disparaître avec toutes ses beautés, le soleil et les étoiles du ciel peuvent s'éteindre, l'univers tout entier peut s'écrouler, l'esprit de l'homme ne sera plus réduit au néant. Grande pensée de l'immortalité, inspiratrice des grandes actions, dispensatrice de riches consolations en face de la mort et en présence de tombes qui nous sont chères. La mort si redoutable et si redoutée n'est donc pas le cruel meurtrier qui met fin à toute vie, ce n'est pas le sombre voleur qui emporte tout. C'est l'ange ami venu du séjour de l'immortalité qui appelle à la table céleste les favoris de son seigneur et maître et les emporte sur ses ailes libératrices ; c'est le miséricordieux sauveur des pauvres, des malades et des persécutés ; c'est le messager de la paix et de la joie pour tous ceux qui ont amassé des trésors pour l'autre monde. La terre est une froide vallée couverte par les ombres de la nuit. Du soleil de l'éternité tombent sur elle des rayons chauds et consolateurs, capables d'éclairer les sombres voies de la terre jusque dans la ténébreuse demeure du tombeau. Illuminé de ces rayons, le cœur oppressé du pèlerin de la terre se dilate de joie et plein d'espérance porte ses aspirations jusque dans le royaume de l'infini. Il soupire après la délivrance qui l'introduira dans le sublime, l'éternel, le divin. Pour le chrétien, la vie d'ici-bas et celle de l'au-delà forment une unité parfaite et sont comme une seule existence ; la vie de la terre est une préparation à celle du ciel, et celle-ci n'est que la continuation et la sanction de celle-là. La terre est pour lui un lieu d'apprentissage et de travail, un lieu de douleur et de patience, une école de formation que la mort doit couronner.

« Un jour la Mort rencontra un homme vertueux.

« Je te salue, messagère d'immortalité, je te salue, lui

« dit celui-ci. — Comment, reprit la Mort, toi le fils
« du péché, tu n'as pas peur de moi? — Non, répondit-
« il, celui qui n'a pas de raison d'avoir peur de lui-même,
« celui-là ne pourrait te trouver redoutable. — Ne
« trembles-tu donc pas devant les maladies qui me
« précèdent et qui arrachent les cris les plus lugubres?
« Ne crains-tu pas la sueur froide de l'agonie qui est
« mon œuvre? — Non, répartit l'homme vertueux. —
« Et pourquoi ne trembles-tu pas? — Parce que pré-
« cisément la maladie et la sueur froide annoncent ta
« présence. — Et qui donc es-tu, mortel, pour n'avoir
« pas peur de moi? — Je suis chrétien, dit-il en sou-
« riant. »

« Aussitôt la mort souffla sur lui et il n'y eut plus
ni mort ni mortel. Une tombe s'était ouverte sous leurs
pieds et quelque chose gisait là dedans. Je pleurais!
Mais bientôt des voix divines me firent lever les yeux
vers le ciel. Je vis le chrétien dans les nuages; il sou-
riait encore comme il avait souri en présence de la mort
et il tenait ses mains jointes. Des esprits célestes venaient
au-devant de lui en poussant des cris d'allégresse et son
esprit était aussi brillant que ces habitants des cieux.
Je pleurais! Alors je regardai dans la tombe et je
reconnus ce qui gisait là dedans : ce n'était que la
dépouille usée du chrétien. » (LAVATER.)

« Père de l'immortalité! fortifie ma foi à mon immortalité et à la tienne. Tu as la vie en toi et c'est de toi
que tes enfants tiennent leur vie éternelle; enseigne-moi
à le croire aussi fermement, aussi vivement, que si je
chantais déjà le cantique nouveau dans le chœur des
immortels. Avec cette foi je puis tout! Qu'est-ce donc
tout ce qui est mortel par rapport à l'immortalité? O
Père, ne me laisse jamais perdre cette foi, ne laisse
jamais chanceler cette foi dans mon âme, ne laisse
jamais cette espérance de toutes les espérances s'évanouir en mon cœur. » (Mgr SAILER.)

TABLE DES MATIÈRES

1119-13. — Imprimerie F. BLÉTIT, 40, rue La Fontaine, Paris.

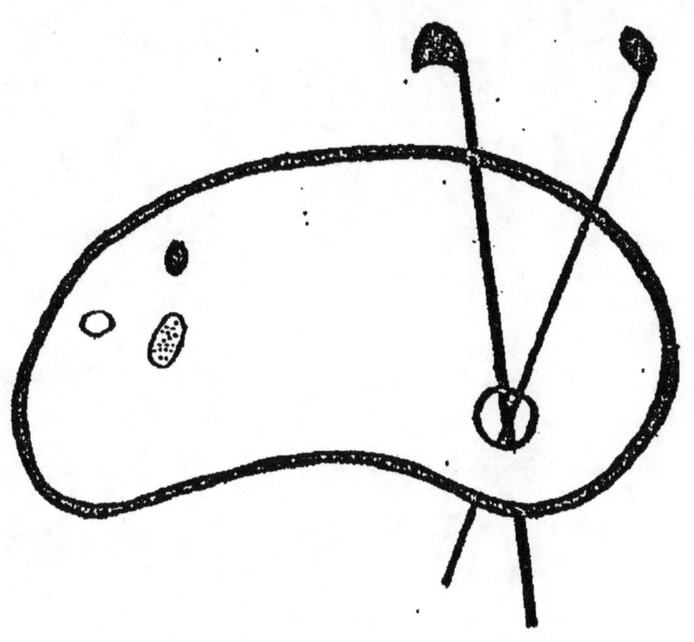

ORIGINAL EN COULEUR
NF Z 43-120-8